Meerschweinchen

Michael Mettler

Meerschweinchen

Auswahl · Pflege · Ernährung

FALKEN

Inhaltsverzeichnis

Inhaltsverzeichnis

Das Wichtigste auf einen Blick

Vorwort

Meerschweinchen als Heimtiere erleben derzeit eine regelrechte Renaissance. Wurden sie früher fast ausschließlich als „Einsteigertiere" für Kinder angesehen, erfreuen sie sich heute auch bei Erwachsenen großer Beliebtheit, besonders in Single-Haushalten der Großstädte. Das liegt sicher nicht nur daran, daß sie kontaktfreudige und leicht zu haltende Hausgenossen sind und von keinem Vermieter verboten werden können; vielmehr dürfte der ganz spezielle Charme dieses kleinen Tieres für sein positives Image sorgen. Ein Indiz dafür scheint mir zu sein, daß Meerschweinchen von allen Heimtieren wohl die originellsten Eigennamen verliehen bekommen – die Zeiten, wo jedes zweite Meerschwein einfach „Mucki" hieß, sind vorbei, Namen wie „Einstein", „Wutz" oder „Bommel" beherrschen die Szene. Auch der Artname wird für allerlei Wortspielchen benutzt: Wer zum täglichen Auslauf die Käfigtür öffnet, „läßt die Sau raus". Die besondere Beziehung zwischen Mensch und Meerschweinchen soll denn auch der rote Faden dieses Buches sein, das sich dadurch von einer reinen Pflegeanleitung unterscheiden soll.

Auch die Rassezucht hat seit einiger Zeit das Meerschweinchen für sich entdeckt. Daß man über ihre Begleiterscheinungen geteilter Meinung sein kann, schlägt sich hie und da im vorliegenden Buch nieder. Ich verurteile Rassenzucht nicht prinzipiell, möchte aber doch in einigen Punkten zum Nachdenken anregen. Da es mittlerweile spezielle Literatur für Meerschweinchenzüchter gibt, möchte ich mich in diesem Buch ausschließlich an jene wenden, die aus reiner Liebhaberei Meerschweinchen als Hausgenossen halten. Eine ausführliche Abhandlung über Rassen und Farbschläge werden Sie aus diesem Grunde hier nicht vorfinden. Betrachten Sie mein Buch als den Erfahrungsbericht eines Liebhabers für Liebhaber, denen das Wesen ihrer Pfleglinge wichtiger ist als deren makelloses Aussehen.

Michael Mettler

Meerschweinchen zoologisch gesehen

Die verzweigte Meerschweinchenverwandtschaft

Daß das Meerschweinchen kein Schwein im zoologischen Sinn ist, sondern ein Nagetier, ist heute allgemein bekannt (über die irreführende Namensgebung lesen Sie nach auf Seite 13 f.). Einige Wissenschaftler stellen nach neuen biochemischen Untersuchungen allerdings die Theorie auf, daß Meerschweinchen und ihre Verwandtschaft (siehe unten) gar keine echten Nagetiere sind, sondern sich stammesgeschichtlich getrennt von diesen entwickelt haben; die anatomischen Ähnlichkeiten – besonders im Bau des Gebisses – wären dann lediglich Parallelentwicklungen aufgrund ähnlicher Lebens- bzw. Ernährungsweise (wie es z. B. auch unter den Halbaffen oder den Beuteltieren Arten mit „Nagezähnen" gibt, die trotzdem keine echten Nagetiere sind). In diesem Buch soll das Meerschweinchen aber vorerst noch als Nagetier betrachtet werden. Innerhalb der zoologischen Ordnung der **Nagetiere** *(Rodentia)* bilden die **Meerschweinchenartigen** *(Caviomorpha)* eine gut abgegrenzte und artenreiche Gruppe, deren natürliches Vorkommen sich – bis auf eine Ausnahme – auf Mittel- und Südamerika beschränkt. Zu den Verwandten des

Meerschweinchens zählen auch einige Arten, die Ihnen vielleicht von Zoobesuchen her bekannt sind; so z.B. das **Capybara** oder „**Wasserschwein**" (mit rund einem Zentner Gewicht das größte Nagetier überhaupt), der **Große Mara** oder „**Pampashase**", die **Nutria** oder „**Sumpfbiber**" und das **Aguti,** dessen typischer Fellfärbung („Pfeffer- und Salz-Muster") die Bezeichnung „agouti" entlehnt wurde, mit der Züchter die Wildfarbe verschiedener Tierarten (auch des Hausmeerschweinchens) und nahe verwandte Farbtypen bezeichnen.

Zwei weitere Verwandte des Meerschweinchens sind sogar in jüngerer Zeit zum Heimtier geworden, nämlich das **Chinchilla** und der **Degu** (siehe dazu mein Buch „Alles über Chinchillas und Degus", ebenfalls bei FALKEN erschienen).

Auch der direkte Vorfahre unseres Hausmeerschweinchens, die Aperea oder **Wildmeerschweinchen** *(Cavia aperea),* zeigt die Agouti-Färbung. Das Fell der Aperea wirkt etwas struppiger als das ihrer zahmen Nachfahren; der Schädel ist länger und schmaler als bei diesen. Wildmeerschweinchen leben in den trockenen Graslandschaften im Süden und Westen Südamerikas, wo sie sich nicht nur den Lebensraum, sondern gelegentlich sogar den Bau mit einer anderen Art, dem **Wieselmeerschweinchen** *(Galea musteloides)* teilen. Dieses erinnert trotz seines deutschen Namens vom Gesicht her eher an ein Erdhörnchen, was auch für die dritte Art, das **Zwergmeerschweinchen**

von links nach rechts: Capybara (Wasserschwein), Großer Mara („Pampashase"), Aguti, Wieselmeerschweinchen

(Microcavia australis) gilt. Komplett wird die Runde schließlich durch das für unsere Begriffe völlig aus dem Rahmen fallende **Berg-** oder **Felsenmeerschweinchen,** auch Moko genannt *(Kerodon rupestris).* Dieses ungewöhnliche Tier mit seinem langen, schmalen Schädel ist ein hervorragender Fels- und Baumkletterer, auch wenn es nicht die tänzerische Eleganz etwa eines Eichhörnchens besitzt. Dennoch ist es sehr eindrucksvoll, das auf den ersten Blick plump wirkende Tier bei seiner Suche nach Laub hoch über dem Boden auf scheinbar viel zu dünnen Zweigen balancieren zu sehen. Wild-, Wiesel- und Felsenmeerschweinchen sind gelegentlich in Zoos anzutreffen; im Berliner Zoo können seit vielen Jahren alle drei Arten nebeneinander beobachtet werden.

Felsenmeerschweinchen

Hie und da gelangen speziell von den beiden erstgenannten Arten auch Nachzuchten in Liebhaberhände. Sie stellen jedoch in bezug auf ihre Haltung wesentlich höhere Ansprüche an den Pfleger als die zahmen Meerschweinchen und sollten daher einem Spezialisten vorbehalten bleiben. Das seltene Felsenmeerschweinchen schließlich hat daneben noch Ansprüche bezüglich der Raumhöhe und ist insgesamt etwas heikel, so daß selbst Zoos mit diesem Tier ihre Probleme haben.

Vom Wild- zum Haustier

Das Wildmeerschweinchen oder die Aperea besetzt in seiner Heimat eine ähnliche ökologische Nische wie bei uns das Wildkaninchen; es lebt in Kolonien als kleines Weidetier in Gras- und Buschlandschaften, in den Tiefländern Argentiniens genauso wie auf den Hochebenen der Anden, wo es noch in 5 000 Meter Höhe vorkommen kann. Es scharrt sich einfache Erdbaue oder bezieht bereits vorhandene, findet aber auch in Felsspalten oder unter dichten Sträuchern Zuflucht. Apereas sind normalerweise dämmerungs- und nachtaktiv, um vor allem Greifvögeln zu entgehen, deren scharfe Augen sie auch in hohem

Gras entdecken können; Füchse und Wildkatzen sind weitere natürliche Feinde.

Die Aperea ist wesentlich schlanker und beweglicher als ihr zahmer Abkömmling; der schmalere Schädel wirkt beim Durchdringen von Gras- oder Strauchdickichten wie ein Keil. Die Sprungfähigkeit ist erstaunlich; eine mir bekannte Zootierpflegerin berichtete mir, daß ein erschrecktes Wildmeerschweinchen bis zu einem Meter hoch springen kann!

Sein schmackhaftes Fleisch machte die Aperea nicht nur für andere Tiere zu einem begehrten Leckerbissen; schon lange vor der Entdeckung durch die Europäer hatten die kulturell hochstehenden Andenvölker aus dem ursprünglichen Jagdwild ein zahmes Haustier gemacht. Sicherlich haben auch damals schon Kinder zahme Meerschweinchen gestreichelt, doch vorrangig hatten die Nager Bedeutung als Schlacht- und Opfertiere; so fand man mumifizierte Meerschweinchen auch als Grabbeigaben. Welche Bedeutung das Meerschweinchen damals als Nahrungsmittel hatte, läßt sich daraus ersehen, daß es vor dem Einfluß der Europäer in den Anden keine Geflügelzucht gab und somit kein anderes kleines, leicht zu haltendes Schlachtvieh.

Wildmeerschweinchen (Aperea); der rötliche Schimmer des Auges kommt vom Blitzlicht

Die allmähliche Entwicklung des Hausmeerschweinchens

Nun ist ein flinkes, sprungstarkes Tierchen nicht gerade einfach zu handhaben. Indem man besonders ruhige Tiere für die Zucht auswählte, zog man wohl die ersten echten Hausmeerschweinchen heran. Sie wurden nicht in Käfigen gehalten, sondern allenfalls in Gruben, meistens aber freilaufend in den Hütten oder um sie herum. Träge Tiere ließen sich schneller fangen, buntgescheckte besser ausfindig machen; jene Exemplare aber, die wie ihre Vorfahren gut springen und graben konnten, entkamen immer wieder sehr schnell und hatten keinen weiteren Einfluß auf die Zucht. So entstand

Rosettenmeerschweinchen *wurden schon vor dem Eintreffen europäischer Eroberer in ihrer Heimat gezüchtet*

Schritt für Schritt unser heutiges Hausmeerschweinchen: im Gegensatz zur Aperea größer und plumper, kurzköpfig, leicht schlappohrig, friedfertig, kaum zum Graben, Klettern und Springen neigend.

Schon in ihrer Heimat gab es bereits Rosetten- und Langhaarmeerschweinchen. Diese hatten sicher keine größere Bedeutung für die Ernährung als normalhaarige Meerschweinchen; vielleicht aber waren sie als Opfertiere

begehrter. Wie auch immer, diese beiden weithin bekannten Rassen sind nicht erst in Europa entstanden!

Die europäische Karriere

Nach Europa gelangten die ersten Hausmeerschweinchen im 16. Jahrhundert. Anfangs waren sie teuer bezahlte Raritäten, allenfalls von Adeligen in ihren Menagerien gehalten und bald auch als Haus- und Spielgenossen ihrer Frauen und Kinder. Halb Statussymbol, halb Spieltier. Im Gegensatz zu vielen anderen Tieren aber fühlten sich die importierten Meerschweinchen nicht nur wohl, sondern vermehrten sich auch problemlos, so daß sie nach und nach auch für wohlhabende Bürger erschwinglich wurden. Noch in den letzten Jahrzehnten des 19. Jahrhunderts, als in vielen europäischen Städten die heutigen Zoos gegründet wurden, vermerkte man es als Besonderheit, wenn jemand einem Zoo etwa ein weißes Angorameerschweinchen schenkte. Seine große Bedeutung als Heimtier erlangte das Meerschweinchen erst nach dem 1. Weltkrieg. Wie auch für viele andere heute als Heimtier weit-verbreitete Arten spielte dabei das schnelle Heranwachsen der Städte eine sehr große Rolle. Stadtmenschen neigen dazu, ein Tier nicht nur nach seinem Nutzen zu beurteilen, son-dern sie halten es auch aus reiner Freude an seiner Gesellschaft: das Meerschweinchen bot dafür etliche gute Eigenschaften. Leider entdeckte man jedoch damals auch seine Eig-nung als Versuchstier für Laborato-rien. Immerhin aber kam seine ur-sprüngliche Bedeutung als Fleisch-lieferant in Europa nie recht zum Tragen, während es in seiner Heimat nach wie vor einen wichtigen Faktor in der Ernährung darstellt. Verschiedentlich wurde versucht, Meerschweinchen auch andernorts als Nutztiere zu etablieren; so fand der damalige Berliner Zoodirektor Lutz Heck vor dem 2. Weltkrieg bei einer Reise nach Kamerun (West-afrika) zu seinem Erstaunen in eini-gen Eingeborenendörfern Meer-schweinchen vor. Wie sie nach Ka-merun gelangt waren, ist ebenso unklar wie der weitere Verlauf der dortigen Zucht. Heutzutage scheint es dort keine Meerschweinchen mehr zu geben, jedenfalls wurde meines Wissens nie wieder darüber berichtet.

„Sau mit Ferkeln": Die Ähnlich-keit mit Schweinen ist kein an den Haaren herbeigezogener Vergleich, wie man sieht!

Wie kam das Meerschweinchen zu seinem Namen?

Was ist nicht schon alles über die mögliche Herkunft des für einen Na-ger etwas merkwürdigen Namens geschrieben worden: „Schweineähn-liches Tier, das über das Meer zu uns kam," ist die beliebteste Deutung, aber auch von einem verballhornten „Möhrenschweinchen" war schon die Rede.
Nun liegt der Vergleich mit einem Schwein(chen) nahe, wenn man die Bewegungen des Tierchens näher be-trachtet oder an die quiekenden Laute denkt. Möglich ist aber auch, daß sich

die heutige Bezeichnung aus einem ähnlich klingenden, vom Inhalt her aber völlig anderen Wort allmählich entwickelt hat, wie etwa bei der Meerkatze, die als Affenart weder mit dem Meer noch mit der Katze etwas zu tun hat. Der Ursprung ihres Namens war das indische Wort „marcata", das einfach „Affe" bedeutete. Es gibt jedoch noch eine andere Deutungsmöglichkeit. Im Altertum und im Mittelalter wurden neuentdeckte Tierarten stets mit schon bekannten verglichen und oft nach diesen benannt, was sich später häufig als zoologisch falsch herausstellte; so ist der Ameisenbär kein Bär, der Seelöwe kein Löwe und das Flußpferd kein Pferd. Der Sammelbegriff „Schwein" wurde damals häufig für Tiere verschiedenster Verwandtschaftskreise verwendet, die lediglich alle rundliche Körperformen und in den meisten Fällen einen kurzen Schwanz hatten. So entstanden die Namen „Stachelschwein" und „Wasserschwein"

(beide sind Nagetiere), und auch der englische Name für den Igel weist in diese Richtung: „hedgehog" heißt nichts weiter als „Heckenschwein". Welche Deutung letztendlich die richtige ist, wird sich vielleicht nie feststellen lassen.

Der Name Meerschweinchen ist so fest im Sprachgebrauch verankert, daß man ihn kaum noch durch einen zoologisch korrekteren wird ersetzen können. In anderen Sprachen gibt es diese Bemühungen; in England spricht man heute kaum noch vom „guinea pig" (nicht nach dem afrikanischen Staat Guinea, sondern nach der alten Währung „guinee" benannt), sondern liebevoll vom „cavy" (abgeleitet vom lateinischen Gattungsnamen des Meerschweinchens *Cavia*"). Auch in den Niederlanden hat sich „cavia" gegenüber dem älteren „meerzwijn" durchgesetzt.

Es ist müßig, Überlegungen anzustellen, ob der Name „Meerschweinchen" paßt oder nicht – es heißt nun einmal so. Und welcher Tierliebhaber macht sich schon Gedanken darüber, warum man den Hund „Hund" nennt …?

Die Meerschweinchenrassen

Kurzhaarige Rassen

Glatthaar (= Englisches Meerschweinchen)	Fell glatt, ohne jegliche Wirbelbildung
Schopfmeerschweinchen (= Crested)	wie Glatthaar, jedoch mit einem Haarwirbel auf der Stirn
Rosettenmeerschweinchen (= Abessinier)	über Kopf und Körper verteilte Haarwirbel
Rex- und Teddy- meerschweinchen	gekräuseltes, vom Körper abstehendes Fell ohne Wirbel

Langhaarige Rassen

Sheltie (= Peruanisches Seidentier)	Fell glatt, ohne Wirbel, am Kopf kürzer
Coronet	**wie Sheltie,** jedoch mit einem Haarwirbel auf der Stirn
Texel	**wie Sheltie,** jedoch mit gekräuselten Haaren
Angora (= Peruaner)	Haarwirbel auf der Stirn und am Hinterteil
Alpaca	**wie Angora,** jedoch mit gekräuselten Haaren
Merino	wie Texel, jedoch mit einem Wirbel auf der Stirn
Satin (starker Seidenglanz des Felles)	ist keine eigene Rasse, sondern ein Erbfaktor, der allen Rassen und Farbschlägen angezüchtet werden kann.

Die große Vielfalt der Farbschläge ist prinzipiell mit jedem Felltyp kombinierbar, auch wenn Rassestandards einige Varianten nicht „anerkennen".

Die Rassen

Die Problematik der Rassenzucht

Wie schon erwähnt, stießen bereits die ersten Europäer, denen lebende Hausmeerschweinchen begegneten, auf ein Gemisch mehrerer Rassen, die sich in Haarlänge und -struktur unterschieden. Diese Rassen gibt es noch heute, und es sind – vor allem in den letzten Jahren – einige weitere hinzugekommen. Während die zucht- und

Die Kopfform zeigt den Wandel vom Wildmeerschweinchen ...

Glatthaar

Glatthaar Satin

ausstellungsbegeisterten Engländer und Holländer schon lange echte Rassezucht mit entsprechendem Vereinswesen betreiben, sind die Meerschweinchen-Züchtervereinigungen im deutschsprachigen Raum noch relativ jung, haben aber schon Erstaunliches geleistet. Auch sind neuerdings Bücher erschienen, die sich speziell mit dem Thema Rassemeerschweinchen befassen und detaillierte Informationen zur Vererbung bestimmter Merkmale bieten.

Unter anderem aus dem genannten Grunde möchte ich hier auf lange Beschreibungen der einzelnen Rassen und Farbschläge verzichten und auf die weiterführende Fachliteratur verweisen; denn der Meerschweinchenliebhaber, an den sich dieses Buch ja wendet, begnügt sich ohnehin mit

■■■ … *über das „rasselose"*
Hausmeerschweinchen …

■■■ … *bis zum modernen*
Hochzucht-Rassetier

den im Zoohandel erhältlichen Rassen und „Promenadenmischungen" und trifft dort (noch) nur sehr selten auf die „moderneren" Züchtungen. Ich möchte daher die Ansprüche und natürlichen Verhaltensweisen des Meerschweinchens in den Vordergrund der Betrachtungen stellen. Darüber hinaus bewegen mich auch einige ungute Erfahrungen dazu, die Rassezucht hier nur am Rande zu behandeln. Leider läuft nämlich ein Rassezüchter – gleich welcher Tierart – ständig Gefahr, den Blick für das Tier als solches und seine natürlichen Eigenschaften zu verlieren; ein Prozeß, der schleichend verläuft und daher der betreffenden Person oft gar nicht bewußt wird. Irgendwann kommt der Zeitpunkt, ab dem man nur noch von der „Qualität des Zucht-

materials" spricht und dabei vergißt, daß z. B. ein Meerschweinchen nicht nur eine wandelnde Genbank voller erwünschter und unerwünschter Eigenschaften ist. Auf diesen Vorwurf reagieren Züchter in der Regel entrüstet und weisen energisch darauf hin, wie sehr ihnen das Wohl ihrer Tiere am Herzen liegt; im Zweifelsfall aber ziehen sie dann doch ein prachtvoll gefärbtes Tier der „Fehlfarbe" vor, auch wenn das letztere Exemplar vielleicht bessere Wesensmerkmale hätte.
Wie engstirnig manche Rassezüchter ihre Zuchtprodukte betrachten, zeigt das Beispiel einer Züchterin, die sich in ihrem Buch heftig über „kleinwüchsige Meerschweinchen mit spitzen Nasenpartien, die den Tieren ein rattenartiges Aussehen verleihen" er-

eifert und den Züchtern solcher Meerschweinchen „mangelndes Verantwortungsbewußtsein" unterstellt. Dem muß man entgegenhalten, daß zierlicher Wuchs und spitze Nasenpartie **die natürlichen und ursprünglichen Eigenschaften** des Meerschweinchens sind (siehe das Kapitel über die Abstammung Seite 8 f.)! Rassestandards aber wurden von Züchtern nach persönlichem Geschmack aufgestellt, ungeachtet dessen, ob die „erwünschten" Eigenschaften auch für das Tier günstig sind – Züchter sprechen gern von „Verbessern" von Eigenschaften; aber ist ein Meerschweinchen mit Schlappohren wirklich „besser" als eines mit (natürlichen) Stehohren? Selbst wenn ich mir nun den Zorn aller Züchter zuziehe: mir gefallen die „alten" Meerschweinchentypen

wesentlich besser als die „neuen", und ich halte es für einseitig gedacht, ein Tier mit natürlichen Proportionen als minderwertig, das „Kunstobjekt" aber als Ideal zu betrachten. Andersherum würde es wohl auch keinem der engagierten Züchter gefallen, wenn man seine hochprämierten Ausstellungssieger als „rundköpfige Walzen" bezeichnen würde – was sie, objektiv betrachtet, im Vergleich zu den natürlich proportionierten Artgenossen sind!

Wichtig: Der wirkliche Tierliebhaber zieht dem „Wald- und Wiesenmeerschweinchen" kein hochgezüchtetes Rassetier vor; er sieht das Individuum mit seinen Eigenschaften und Ansprüchen und bewertet Äußerlichkeiten wie Färbung und Fellstruktur nicht über.

Wir möchten ein Meerschweinchen

Was vor der Anschaffung zu bedenken ist

Die Anschaffung eines Haustieres gleich welcher Art will gut überlegt sein: Tiere, die als Spontankäufe oder auch als gut gemeinte Geschenke ins Haus kommen, werden häufig nach einiger Zeit weitergereicht oder landen gar im Tierheim. Zudem kann sich ein Heimtier sein Leben nicht frei gestalten; es ist völlig abhängig vom Wohlwollen und von der Fürsorge seines Halters. Daher sollten Sie, um sich selbst und dem ausgewählten Tier Enttäuschungen und Probleme zu ersparen, alle Fragen der folgenden beiden Kapitel beantworten.

Sind Ihre Gewohnheiten tierfreundlich?

Wenn Ihre Lebensweise sich nicht mit der des Tieres verträgt, leiden möglicherweise beide Seiten unter der Gemeinschaft.

■ Wird bei Ihnen geraucht?
Wenn Sie starker Raucher sind, grenzt Heimtierhaltung schon an Tierquälerei. Wie viele andere Tiere auch hat ein Meerschweinchen einen um vieles besseren Geruchssinn als jeder Mensch und leidet demzufolge noch viel mehr als ein menschlicher Passivraucher; anders als dieser kann es sich auch nicht beschweren und erst recht nicht an die frische Luft flüchten.

■ Verreisen Sie oft?
Auch wenn Sie zu den Reiseliebhabern zählen, die mindestens zweimal im Jahr auf Urlaub fahren, sollten Sie über die Konsequenzen für Ihren Pflegling nachdenken. Mitnehmen können Sie Heimtiere nur selten, und selbst dann erleben diese den Ortswechsel und vor allem die Fahrt selbst als Streß; Tiere lassen sich nicht gern aus ihrer gewohnten Umgebung herausreißen.

■ Hören Sie gerne laute Musik?
Meerschweinchen haben gute Ohren, die entsprechend empfindlich auf Lärm reagieren – und dazu zählt auch laute Musik, und zwar keinesfalls nur Rock- oder Technorhythmen, sondern auch klassische „Hochgenüsse" wie Beethoven oder Ravel. Gehören Klän-

ge in Konzertlautstärke zu Ihrem täglichen Leben, gibt es nur zwei Möglichkeiten: Entweder Sie nehmen Kopfhörer oder Sie verzichten aufs Meerschweinchen.

■ Sollen Ihre Kinder das Meerschweinchen pflegen?

Der typische Fall ist, daß Meerschweinchen als Streicheltiere für Kinder gekauft werden. Aber auch die jungen künftigen Tierpfleger müssen unbedingt vorher einem Eignungstest unterzogen werden. Überdrehte und/oder überlaute Kinder machen jedem Meerschweinchen das Leben zur Qual. Vernachlässigen Ihre Kleinen das Tier, bleibt die tägliche Arbeit an Ihnen hängen; sind Sie dazu bereit, sie zu übernehmen, oder dient der Nager unter Umständen dann nur noch als erzieherisches Druckmittel? Das sollten Sie allen Beteiligten und vor allem dem wehrlosen Tier ersparen!

■ Sind Sie oder ein anderes Familienmitglied Reinlichkeitsfanatiker? Dann könnte es gerade beim Meerschweinchen immer wieder Konfliktstoff geben. Es läßt sich nämlich nicht vermeiden, daß Käfigstreu danebenfällt, und wenn das Meerschweinchen Auslauf im Zimmer hat, werden Sie schnell bemerken, daß es zumindest in Bezug auf „große Geschäfte"

nicht stubenrein wird. Zudem ist von allen klassischen Streicheltieren das Meerschweinchen jene Art, bei welcher der Käfig am schnellsten zu müffeln beginnt und empfindliche Nasen stört. Hier höre ich bereits die eingefleischten Liebhaber protestieren, doch weiß ich aus eigener Erfahrung nur zu gut, wie sehr sich viele Mitmenschen – ob im gleichen Haushalt lebend oder Besucher – an „Dünsten" stören, die man selbst kaum noch wahrnimmt (es erinnert sehr an das Verhältnis Raucher/Nichtraucher)! Ich habe mich – obwohl selbst nicht gerade mit einem feinen Geruchssinn ausgestattet – immer gewundert, daß dieser Punkt auch in vielen Heimtierratgebern schöngeredet wird etwa mit den Worten „bei regelmäßiger Käfigreinigung macht sich kein störender Geruch bemerkbar". Abgesehen davon, daß der Begriff „regelmäßig" relativ ist, muß ich ehrlich sagen: Was einem Meerschweinchenkäfig an einem warmen Sommertag und bei artgerechter Ernährung des Tieres (also mit viel Grünzeug) schon ein paar Stunden nach der letzten Reinigung entströmen *kann*, läßt sich auch beim besten Willen nicht als Parfüm bezeichnen. Es kommt auf die Toleranzgrenze jedes einzelnen Menschen an, ob er den Geruch ignorie-

■ *Rex*

ren kann, sich nur ein wenig daran stört oder ihn gar widerlich findet. Dies soll nun nicht bedeuten, daß es bei Meerschweinchen „wie im Puma-käfig" stinkt – wäre es so intensiv, wären sie mit Sicherheit als Heimtiere nicht so beliebt! Aber sollten Sie eine menschliche Supernase zu Ihrem Haushalt zählen, kann schon der kleinste Hauch von „Stallgeruch" zu ständigen Konflikten führen.

■ Sind Sie allzu nachgiebig? Das ist ein wichtiger Aspekt, über den aber so gut wie nie gesprochen wird: Falls Sie ein eher nachgiebiger Mensch sind, sollten Sie sich die Anschaffung gerade eines Meer-schweinchens sehr gut überlegen. Der pfiffige Nager lernt nämlich nur zu gut, seinen Halter zu „dressieren" – nach dem Motto: „Ich brauche nur einmal zu quieken, und schon kriege

ich etwas zu fressen"! Wurde das Meerschweinchen auf diese Weise zum ständigen Betteln erzogen, wird es schnell zum „Mehr-Schweinchen" und kann einem Menschen mit schwachen Nerven durchaus den gemütlichen Abend verderben, wenn es die geringste Bewegung seines Halters zum Anlaß nimmt, nach Futter zu quieken.

Eignet sich das Meerschwein-chen als Heimtier für Sie?

Für ein erfreuliches Zusammenleben von Mensch und Tier ist es nicht nur wichtig, daß Sie „tiergerecht" leben, sondern Sie müssen auch überlegen, ob seitens Ihres vierbeinigen Hausgenossen Probleme auftauchen können.

■ Meerschweinchen sind äußerst *gesellige Tiere* und als Haustier – im Gegensatz zu ihren wilden Vorfahren – vorwiegend *tagaktiv.* Falls Sie erst spätabends vom Dienst kommen, haben Sie wenig von Ihrem Hausgenossen – und dieser ebensowenig von Ihnen. Möchten Sie dennoch nicht auf „Schweinchen" verzichten, sollten Sie mindestens zwei Tiere anschaffen, damit sie tagsüber wenigstens artgleiche Gesellschaft haben.

■ Hausmeerschweinchen haben eine Eigenschaft, die sowohl von großem Vorteil als auch von großem Nachteil ist: Sie sind im Vergleich zu anderen Heimtieren extrem *duldsam*. Der Vorteil ist natürlich, daß sie durch ihr friedfertiges Wesen ideale Streicheltiere sind, die in der Regel weder beißen noch kratzen (selbst dann nicht, wenn sie noch nicht handzahm sind).

Wichtig: Es stimmt nicht, daß Meerschweinchen *nie* beißen, wie gern behauptet wird! Mein jetziges Männchen beispielsweise haßt das Krallenschneiden und beißt mir durchaus hie und da in die Hand, um sich aus seiner unangenehmen Lage zu befreien. Diese Bisse gehen zwar nicht „bis aufs Blut", können aber recht schmerzhaft sein.

Umgekehrt führt aber die Friedfertigkeit dazu, daß sich Meerschweinchen bei falscher Behandlung meistens nicht oder zu spät wehren. Wo sich z. B. ein Kaninchen oder ein Goldhamster mit Zähnen oder Krallen Respekt verschafft, wenn ein Kind allzu grob wird oder die Ruhezeiten des Tieres mißachtet, läßt sich ein Meerschweinchen, häufig starr vor Angst, eben doch als lebendes Plüschtier benutzen. Dadurch sind schon viele Meerschweinchen ohne jegliche

böse Absicht von Kindern „totgespielt" worden!

▬ Auch die Platzfrage ist einer gründlichen Überlegung wert. Ein Meerschweinchenkäfig verlangt einen guten Platz, der bei artgerechter Haltung etwa einen halben Quadratmeter „in bester Wohnlage" einnimmt.

▬ Nicht vergessen möchte ich das Thema *Allergien*. Nach der Katze ist das Meerschweinchen wohl jenes Tier, das die meisten Tierhaarallergien hervorruft. Lassen Sie sich und Ihre Familienmitglieder also besser vorher testen, oder führen Sie einen Versuch durch, indem Sie ein Meerschweinchen aus dem Bekanntenkreis für einige Tage in Pflege nehmen. Oder besorgen Sie sich von dort oder aus einer Zoohandlung einige

▬ *Alpaka*

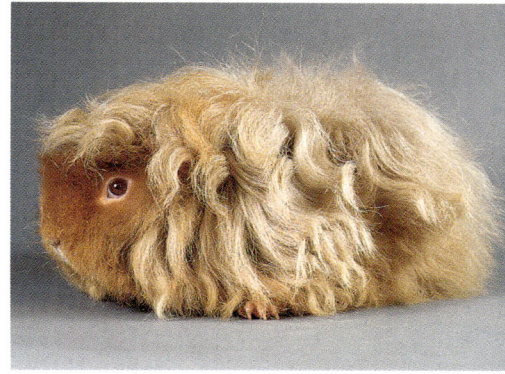

Abgestorbene Haare für einen Allergietest lassen sich jederzeit aus einem Meerschweinchenfell auskämmen.

Meerschweinchenhaare, und kleben Sie diese für einige Zeit mit Leukoplast auf die Unterseite Ihres Unterarms. Kommt es zu keiner allergischen Reaktion, sollte einer möglichen Anschaffung nichts mehr im Wege stehen.
Bedenken Sie aber trotzdem, daß auch Käfigstreu (Holzstaub!) und das Heu Allergien auslösen oder die Atemwege belasten können; auch hier schafft nur ein vorangehendes „Meerschweinchen-Praktikum" Gewißheit!

Wohngemeinschaft mit anderen Tieren

Erinnern Sie sich daran, daß Meerschweinchen sich normalerweise nicht gegen Belästigungen oder gar Angriffe artfremder Lebewesen wehren und damit ideale Zielscheiben bieten!

■ *Hund und Katze* in derselben Wohnung mit dem Meerschweinchen sind mit Vorsicht zu genießen, wenn sie und der Nager gleichzeitig im Zimmer und nicht durch Gitter getrennt sind. Selbst bei einem noch so wohlerzogenen Hund kann das davonhuschende Meerschweinchen einmal den Beutefangreflex auslösen; Katzen können die Nager bei Beutefangspielen schwer verletzen.

■ *Großpapageien,* die sich frei im Zimmer bewegen dürfen, können mit ihren Kneifzangenschnäbeln freilaufenden Meerschweinchen gefährlich werden, auch wenn sie vielleicht nur spielen wollen.

■ *Frettchen,* die als Heimtiere immer beliebter werden, dürfen mit Meerschweinchen auf keinen Fall in direkten Kontakt kommen; für sie ist der Nager nur ein leckerer Schmaus!

▬ *Nur unter Beobachtung zusammenlassen: Katze und Meerschweinchen*

■ Mit *Kleinvögeln* und *Kleinnagern* (Hamster, Maus, Ratte, Rennmaus, Degu) gibt es keine nennenswerten Probleme; es muß aber erwähnt werden, daß ein Meerschwein keinesfalls mit einem Kleinnager in den gleichen Käfig gehört, denn früher oder später würde das Meerschweinchen auch von diesen körperlich weit unterlegenen Tieren tyrannisiert werden. Bei gemeinsamem Auslauf im Zimmer gibt es aber normalerweise keine Schwierigkeiten.

■ Ein Grenzfall ist das *Chinchilla.* In manchen Fällen klappt die Kombination, in anderen überhaupt nicht; als ich einen Versuch gemeinsamer Haltung wagte, wurde mein Meerschweinchen in einer Zimmervoliere von einem Chinchilla schwer verletzt. Von einer Unterbringung im selben Käfig rate ich deshalb vorsichtshalber ab. Gemeinsamer Freilauf kann gutgehen, doch neigen besonders männliche Chinchillas dazu, andere Tiere mit wilden Spielereien zu necken, was ein Meerschweinchen sehr verängstigen kann.

■ Geradezu ein klassischer Partner für das Meerschweinchen ist das *Kaninchen,* aber natürlich eignen sich nur kleine Rassen. Bei allem friedlichen Anschein sollte man jedoch auch hier ständig ein Auge auf die

■ *Nachbarschaftliche Begegnung: Meerschweinchen und zahme Ratte*

ungleiche Wohngemeinschaft haben. Es kommt durchaus vor, daß ein Kaninchen seinem Genossen das Fell anknabbert oder es heftig durch den Käfig scheucht. Männliches Kaninchen und weibliches Meerschweinchen ist eine problematische Kombination, wie ich selbst erlebt habe. Zwar war in diesem Fall das Meerschweinchen der Boß (was ungewöhnlich, aber dadurch erklärbar ist, daß sie bereits erwachsen war, als ihr das junge und noch nicht selbstbewußte Kaninchen hinzugesellt wurde), doch wenn der Kaninchenbock „Lust" bekam, konnte sie sich vor seinen Nachstellungen kaum retten. In einem solchen Fall hilft nur die Kastration des Kaninchens; dennoch sollte dem Meerschweinchen mindestens ein Schlupfhäuschen zur Verfügung stehen, dessen Eingang für das Kaninchen zu eng ist.

Kaninchen und Meerschweinchen können (müssen aber nicht!) dicke Freunde werden. Ich hatte ein solches ungleiches Paar, beide Tiere männlichen Geschlechts und praktisch unzertrennlich. Als das Kaninchen wegen seiner Kastration herausgenommen und nach der Operation für einige Tage getrennt untergebracht werden mußte, trauerten beide Tiere, und es gab hinterher ein geradezu herzzerreißendes Wiedersehen. Als das Meerschweinchen starb, litt das Kaninchen tagelang, was auch in seinem Verhalten deutlich zum Ausdruck kam. Zwar bekam es

wiederum ein Meerschweinchen zur Gesellschaft, welches auch vorher schon bei mir lebte, doch entwickelte sich zwischen diesen beiden Tieren nie eine tiefere Zuneigung – man duldete sich lediglich gegenseitig.

Wichtig: Prinzipiell sollten Sie eine „Kaninchen-Meerschweinchen-WG" nur dann begründen, wenn Sie beide Tiere schon als Jungtiere zusammensetzen und sie gemeinsam aufwachsen lassen können.

Ist Einzelhaltung Tierquälerei?

Meerschweinchen werden überwiegend einzeln gehalten; auch, weil oft behauptet wird, nur ein einzelnes Tier würde sich dem Menschen eng anschießen. Ein Körnchen Wahrheit liegt schon darin, denn wenn das Meerschweinchen artgleiche Gesellschaft hat, zieht es die der artfremden vor. Ein handzahmes Meerschweinchen aus einer Zweier- oder einer Gruppenhaltung läßt sich aber genausogut kraulen wie ein Einzeltier. Wenn Meerschweinchen zahm sind, dann liegt es nicht daran, wie viele zusammenleben,

sondern erstens an der richtigen Behandlung und zweitens am Wesen des jeweiligen Tieres. So hatte ich einmal ein extrem berührungsscheues Meerschweinchen, das mir gegenüber nicht handzahm wurde und auch zu seinen Artgenossen kaum Kontakt aufnahm. In einem solchen Fall ist Einzeltierhaltung fast besser, doch welcher Halter möchte schon ein einzelnes Tier, das ihm die Gesellschaft verweigert?
Prinzipiell sollten Meerschweinchen mindestens zu zweit gehalten werden. Kein noch so liebevoller und einfühlsamer Pfleger ist in der Lage, seinem Nager die ganze Palette der sozialen Kontakte zu ersetzen, die zwischen einem harmonierenden Meerschweinchenpaar oder gar einer ganzen Familiengruppe den Tagesablauf bestimmen.

Wichtig: Ein einzeln gehaltenes Meerschweinchen kann zwar gesund, munter und kontaktfreudig sein – womit keine Tierquälerei im eigentlichen Sinne vorliegt –, ein artgerechtes und erfülltes Leben findet es jedoch ausschließlich in artgleicher Gesellschaft, also auch nicht mit einem Kaninchen als Ersatzpartner.

Auch Meerschweinchen sind nur in einer harmonischen Beziehung glücklich. Diese entsteht am ehesten, wenn man Jungtiere – auch aus verschiedenen Zuchten – miteinander aufwachsen läßt; dann kann man sogar zwei oder mehr Männchen miteinander halten, solange kein Weibchen in der Nähe ist. Erwachsene Tiere aneinander zu gewöhnen ist sehr viel schwieriger und braucht einige Zeit.

Meerschweinchen sollten als soziale Tiere nicht einzeln gehalten werden

Sollten Sie – was die Regel ist –
keinen Wert auf Nachwuchs legen,
schaffen Sie sich also möglichst zwei
gleichgeschlechtliche Jungtiere an.
Zwar besteht auch die Möglichkeit,
männliche Meerschweinchen kastrie-
ren zu lassen, doch ist bei ihnen der
Eingriff aufgrund der mehr inneren
Lage der Hoden schwerwiegender als
z. B. bei einem Kaninchenbock oder
bei einem Kater; wenn es sich vermeiden läßt, sollte man lieber darauf
verzichten.
Haben Sie den nötigen Platz und die
notwendigen Futtermengen zu bieten, sollten Sie sich das Erlebnis einer
ganzen Meerschweinchengruppe gönnen, die im einfachsten Fall aus einer
Weibchenhorde bestehen kann. Übt
schon das Meerschweinchen als Art
eine ganz eigene Anziehungskraft
aus, so wird das Treiben einer ganzen
Truppe dieser munteren Nager wohl
von keinem anderen Heimtier über-
troffen!

Woher Sie Ihr Meer- schweinchen bekommen

Aus dem Zoohandel

Meerschweinchen gibt es in fast jeder Zoohandlung, wobei das Angebot
nicht nur von Geschäft zu Geschäft,
sondern auch von Jahreszeit zu Jahreszeit schwankt (da z. B. im Sommer
wegen der Urlaubszeit weniger Nachfrage besteht). Mittlerweile haben
auch viele Gartencenter eine Zoo-
abteilung, in der Meerschweinchen
zu finden sind.
Achten Sie darauf, ob es mehr als fünf
etwa gleich große und gleich alte
Meerschweinchen gibt; dann kommen sie wahrscheinlich nicht aus
Liebhaberhänden, wo meist nur ein
einziger Wurf abgabebereit ist.
Speziell große Geschäfte und Gartencenter haben einen derartigen Bedarf
an Tieren, daß sie ihre Meerschweinchen über den Tiergroßhandel beziehen; private Gelegenheitszüchter
können ihnen die benötigten Stück-
zahlen nicht liefern. Und genau darin
liegt das Problem: Leider nehmen es
manche Großhändler offensichtlich
mit der Hygiene nicht so genau, denn
immer wieder ist zu hören, daß Meerschweinchen von dort mit übertrag-
baren Hautpilzen in die Zoohandlungen kommen. Aus diesem Grund

empfehle ich, sich eine Zoohandlung zu suchen, die glaubwürdig versichern kann, ihre Meerschweinchen nur aus privater Zucht zu beziehen. Das Gesundheitsrisiko ist dann in der Regel wesentlich geringer, und zudem sind solche Jungtiere oft schon zahmer, weil sie von klein auf „Familienanschluß" hatten. Allerdings ist es schwer, die Angaben einer Zoohandlung zu überprüfen. Der Verzicht auf die Angebote großer Zoomärkte bedeutet natürlich auch einen Verzicht auf große Auswahl. Die kleine Zoohandlung an der Ecke hat vielleicht nur drei oder vier Meerschweinchen anzubieten, manchmal nur ein Geschlecht und nicht unbedingt alle gängigen Rassen. Dennoch ist die Chance hier wesentlich größer, daß die Tiere nicht nur gesund, sondern auch viel zutraulicher sind; denn meistens bietet ihnen die Unterbringung hier mehr Geborgenheit; sie sitzen nicht so sehr auf dem Präsentierteller, wie speziell in neueren Zoomärkten und sind es gewohnt, von Menschen häufiger in die Hand genommen zu werden.

Vom Züchter

Ideal ist es natürlich, Jungtiere direkt vom Züchter zu bekommen. Wenn man auf neuere und noch seltene

Rassen Wert legt, ist dies praktisch der einzige Weg, da sie in Zoohandlungen noch kaum zu finden sind. Rassezüchter lassen sich über die Meerschweinchenvereine herausfinden (siehe Anhang Seite 93).

Aus zweiter Hand

Kommt es Ihnen nicht auf reinrassige Tiere an bzw. haben Sie keine bestimmten Wünsche bezüglich des Aussehens der Tiere, lohnt sich natürlich auch der Blick in die Tiermarkt-Spalten der Zeitungen. Häufig werden dort „unerwünschte" Jungtiere angeboten, wenn der Besitzer ein unerkannt trächtiges Weibchen erworben hatte. Die Anzeige „Meerschweinchen mit Käfig abzugeben" deutet meistens darauf hin, daß das Tier mit falschen Vorstellungen gekauft wurde, oder der damit beschenkte Sprößling kümmert sich nicht darum, oder eine Allergie ist aufgetreten. Oft handelt es sich dabei um noch recht junge Tiere, und ein Blick darauf lohnt sich allemal. Sollte sich ein solches Meerschweinchen aber als extrem scheu erweisen, ist es vielleicht falsch behandelt oder sogar gequält worden, und Sie müssen dann selbst entscheiden, ob Sie genügend Geduld und Einfühlungsvermögen besitzen, um mit einem solchen Problemfall umgehen zu können.

Wichtig: Bedenken Sie immer: Mitleid ist ein falscher Ratgeber bei der Anschaffung eines Tieres!

Aus dem Tierheim

Schließlich gibt es natürlich noch die Möglichkeit, Meerschweinchen aus einem Tierheim zu holen. Zwar sind dort seltener ganz junge Tiere vorhanden, doch können Sie dafür um so häufiger bereits handzahme Meerschweinchen finden; eine ideale Lösung also, falls Sie hinsichtlich Ihrer Zähmungsfähigkeiten etwas unsicher sein sollten.

Tierheim-Meerschweinchen sind in der Regel tierärztlich untersucht worden und bergen somit keine gesundheitlichen Risiken. Manchmal sind

dort auch harmonierende Duos oder Gruppen zu finden, die ein neues Zuhause suchen.

Und noch ein Vorschlag zum Schluß: Falls Ihre Kinder Meerschweinchen bekommen sollen, Sie sich aber nicht ganz sicher sind, wie lange die Begeisterung anhalten wird, dann sollten Sie in Erwägung ziehen, einem nicht mehr ganz jungen Meerschweinduo aus dem Tierheim einen schönen Lebensabend zu schenken. Dies hat viele Vorteile: Die Tiere kommen noch einmal zu Familienanschluß und haben bereits eine Größe und Robustheit, der ungeübte Kinderhände weniger antun können als jungen, kleinen Meerschweinchen. Sollte nach einiger Zeit das Interesse der Kinder nachlassen und Sie mit einem lachenden und einem weinenden Auge die Pflege übernehmen, sind die Schweinchen wahrscheinlich schon im fortgeschrittenen Lebensalter und nicht erst am Beginn ihrer besten Jahre. Solche praktischen Überlegungen mögen herzlos wirken, seien aber in diesem Fall erlaubt, da sie zum Vorteil aller Beteiligten gereichen.

Es macht ein Meerschweinchen sicher nicht glücklicher, wenn es noch jahrelang eher nebenher gehalten oder ständig weitergereicht wird.

Worauf Sie beim Kauf achten sollten

Einige wichtige Punkte zu diesem Thema wurden bereits im vorangegangenen Kapitel erwähnt; Hinweise, woran Sie erkennen können, ob ein Tier gesund oder krank ist, finden Sie in der Checkliste Gesundheit auf Seite 77.

Wie verhält sich das Meerschweinchen?

Im Gegensatz zu einigen anderen Heimtierarten – z. B. Kaninchen oder Chinchillas – zeigen sich Meerschweinchen in einem Verkaufskäfig meistens eher schreckhaft, sobald darin hantiert wird; das macht es etwas schwieriger, die von Natur aus scheueren Individuen von den gelasseneren zu unterscheiden. Dennoch gibt es eine Möglichkeit, für die Sie allerdings ein wenig Zeit mitbringen sollten: Bitten Sie den Händler, die Käfigeinrichtung etwas umzuräumen, den Futternapf an eine andere Stelle zu setzen, ein eventuelles Häuschen zu entfernen und Sie dann vor dem Käfig allein zu lassen. Beobachten Sie die Tiere nun sehr genau. „Angsthasen" drücken sich meistens in den ersten Minuten heftig atmend in die Käfigecken, suchen aufgeregt nach ihrem

> **Unser Tip**
>
> Wenn Sie noch keine Erfahrung mit Meerschweinchen haben, wählen Sie ein gelassenes Tier mit gesunder Neugier. Es besitzt schon ein gewisses Maß an Zahmheit und stellt sich leichter auf neue Situationen ein.

Versteck oder sind bemüht, sich hinter anderen Mitbewohnern zu verbergen. Ausgeglichene Meerschweinchen hingegen reagieren auf die Veränderung zwar mit einer gewissen Unruhe, interessieren sich dann aber schnell wieder für den neuen und den vorherigen Standort ihres „Mobiliars".

Die Zähmung eines scheuen Tieres braucht sehr viel Geduld und eine ruhige Hand, und es soll nicht verschwiegen werden, daß manche Meerschweinchen zeitlebens scheu und schreckhaft bleiben können und ihrem Halter dann wenig Freude bereiten. Glücklicherweise sind aber solche Exemplare verhältnismäßig selten.

Wichtig: Bedenken Sie bei der Anschaffung bitte, daß andere Eigenschaften als das Aussehen wichtig sind.

Ich erwähne dies noch einmal deswegen, weil gerade Meeerschweinchen häufig sehr spontan nach Färbung ausgesucht werden. Ein gutgemeinter Rat: An einem bildschönen, weil z.B. besonders originell geschecktem, aber scheuen Meerschweinchen werden Sie mit Sicherheit weniger Freude haben als an dem unscheinbaren, aber ausgeglichenen „Mauerblümchen". Der spezielle Charme des Meerschweinchens liegt nämlich nicht in der Anordnung der Farben, sondern in Wesen und Verhalten des Individuums begründet!

Wie alt ist es?

Da Meerschweinchen nicht nur wesentlich älter werden als Hamster und andere Kleinnager, sondern auch als erwachsene Tiere unter den schon genannten Voraussetzungen noch gut zu zähmen sind, ist ihr Alter bei der Anschaffung weniger wichtig. Junge Meerschweinchen *können* zwar schon mit drei Wochen von der Mutter getrennt werden, sollten aber besser doppelt so lange bei ihr bleiben dürfen und somit beim Kauf möglichst nicht jünger als sechs Wochen sein. Mit etwa einem halben Jahr sind Meerschweinchen ausgewachsen, und ab da läßt sich ihr Alter kaum mehr verläßlich bestimmen.

Kurz, es ist ideal, wenn Ihre zukünftigen Hausgenossen bei der Anschaffung zwischen sechs Wochen und sechs Monaten alt sind.

Ist bereits Nachwuchs unterwegs?

Denken Sie daran, daß in den meisten Zoohandlungen männliche und weibliche Meerschweine nicht getrennt untergebracht werden. Da die Tragzeit des Meerschweinchens mit neun bis zehn Wochen sehr lang und für ungeübte Augen anfangs kaum erkennbar ist, hat sich schon mancher Käufer unwissentlich mit einem bereits gedeckten Weibchen eine „Wundertüte" ins Haus geholt! Lassen Sie sich also nicht vom Zoohändler einreden, das fragliche Tier sei noch zu jung für eine Trächtigkeit; schon ein drei Monate altes Weibchen kann gedeckt sein!

Unser Tip

Lassen Sie sich vom Zoohändler zusichern, daß er mögliche ungewollte Jungtiere zurücknimmt. Das funktioniert übrigens in der Zoohandlung an der Ecke auch meistens besser als in einem Zoomarkt oder einem Gartencenter.

Die Geschlechts-
bestimmung

Um es vorwegzunehmen: Falls Sie, entgegen allen Empfehlungen, nur ein einzelnes Meerschweinchen halten wollen, ist es gleichgültig, ob Sie ein Männchen oder ein Weibchen wählen.

Wichtig: Für Zahmheit und Kontaktfreudigkeit ist nicht das Geschlecht, sondern das Wesen des einzelnen Tieres ausschlaggebend.

Zwar ist die Ansicht, männliche Meerschweinchen würden stärker riechen, weit verbreitet, aber sie ist nicht ganz richtig. Im Normalfall macht sich der Käfiggeruch eines einzelnen Männchens nur unwesentlich mehr bemerkbar als der eines Weibchens; ist jedoch im gleichen Raum ein Weibchen untergebracht, neigt das Männchen dazu, verstärkt zu markieren. Bei absoluter Einzelhaltung läßt sich das Geschlecht eines Meerschweinchens jedenfalls nicht sicher mit der Nase feststellen!

Männliches Meerschweinchen

Weibliches Meerschweinchen

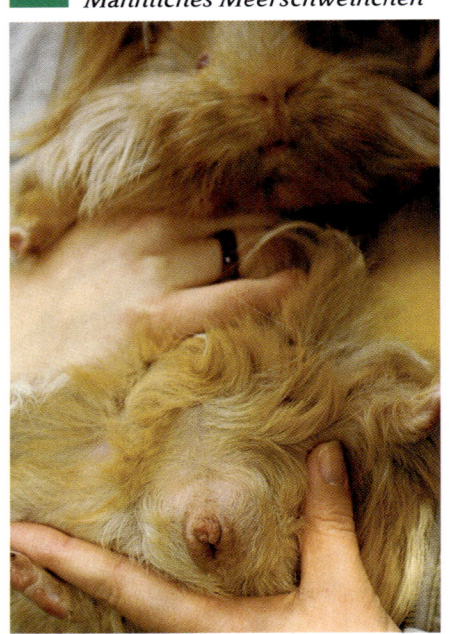

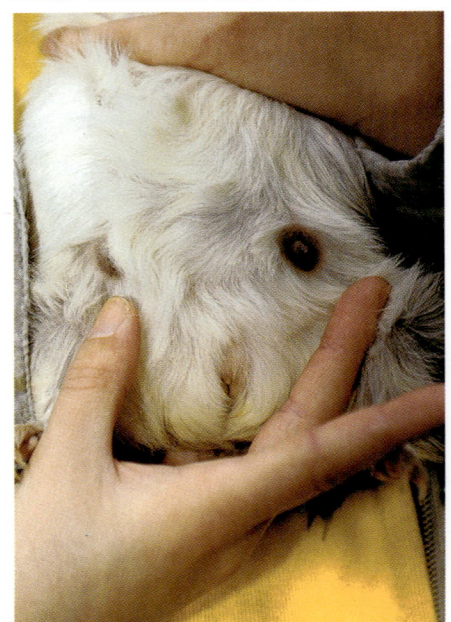

Unser Tip

So läßt sich das Geschlecht feststellen: Beim Männchen tritt der Penis hervor, wenn man beim aufrecht gehaltenen Tier mit sanftem Druck eines Fingers über den Unterbauch abwärts in Richtung Genitalien fährt.

Der wirklich einzige Vorteil, der sich bietet, wenn man mit Sicherheit ein Männchen erwischt, besteht darin, daß man nicht versehentlich ein trächtiges Tier erhalten kann. Allerdings kommt es bei Meerschweinchen offensichtlich doch häufiger zu Fehlbestimmungen; vor allem deswegen, weil auch die Männchen zwei Zitzen in der Leistengegend besitzen! Zudem treten auch bei bereits herangewachsenen Männchen (die auch „Böcke" genannt werden) die Hoden nicht so deutlich hervor wie z.B. bei Kaninchen oder Hamstern. Hilfestellung bei der Unterscheidung geben Ihnen die Abbildungen links.

Der Weg ins neue Zuhause

Meerschweinchen werden für den Transport meistens in eine Faltschachtel mit Luftlöchern gesetzt. In der Regel versuchen sie zwar nicht, sich durchzunagen, aber in der Aufregung geben sie Kot und Urin ab und verschmutzen sich. Außerdem finden sie auf dem glatten Boden der Schachtel keinen Halt, so daß sie bei den Transportbewegungen hin und her rutschen. Deshalb sollten sie nicht länger als eine Viertelstunde in der engen Schachtel sitzen müssen. Besser ist es, einen Karton etwa von der Größe eines Einkaufskorbes zu verwenden (den Sie zum Zoogeschäft mitbringen müßten) und diesen mit Heu oder mit alten Handtüchern auszupolstern; die Einlage saugt den Urin auf, und die Tiere finden besser Halt. Wenn der Karton keinen Deckel hat, sollten Sie ihn mit einem Tuch abdunkeln, da die Schweinchen während des Transportes besonders schreckhaft sind.

Wichtig: Keinesfalls darf ein Meerschweinchen nur in der Hand transportiert werden! Da kann es relativ leicht herunterfallen, und wenn es im Auto vom Schoß springt und im Wagen umherirrt, kann das schnell zu einem Unfall führen!

Am besten schaffen Sie sich für den Heimtransport einen kleinen Zweitkäfig an – geeignet ist ein Goldhamsterkäfig mit 40–50 cm Frontlänge –, der auch später bei eventuellen Besuchen beim Tierarzt oder auch nur für den Aufenthalt während der Käfigreinigung gute Dienste leisten wird. Natürlich muß das Transportbehältnis vor Hitze, Regen, Frost und besonders vor Zugluft geschützt werden. Im Auto gehört es bei starkem Sonnenschein nicht auf den Sitz, sondern in den Schatten des Fußraumes.

Checkliste	*Grundausstattung*

- ◆ *Käfig*
- ◆ *Schlafhäuschen*
- ◆ *Transportbox oder -käfig*
- ◆ *Heuraufe (falls nicht zum Käfig gehörig)*
- ◆ *Futternapf*
- ◆ *Tränkflasche*
- ◆ *Einstreu*
- ◆ *Heu*
- ◆ *Grundfutter*
- ◆ *Grünfutter*
- ◆ *Beschäftigungsfutter (altes Brot, Zweige)*
- ◆ *Salzleckstein*
- ◆ *Vitamin-C-Präparat*
- ◆ *Bestimmungsbuch für heimische Wild- und Ackerpflanzen (falls Sie Grünfutter selbst suchen wollen)*

Das Meerschweinchenheim

Die Wahl des richtigen Käfigs

Meerschweinchenkäfige finden Sie nicht nur in jedem Zoogeschäft, sondern häufig auch in den Tierzubehörabteilungen großer Supermärkte. Die meisten Modelle sind jedoch entschieden zu klein. Schon einem einzelnen Tier bieten sie zuwenig Raum, eine Haltung von zwei oder mehr Meerschweinchen oder gar eines gemischten Kaninchen-Meerschweinchen-Duos in den Standardkäfigen grenzt an Batteriehaltung. Allerdings sind nicht die Hersteller schuld daran, daß so viele nicht artgerechte Käfige angeboten werden, sondern die Tierhalter, die am ehesten am Käfig und damit eben an seiner Größe sparen. Die Hersteller richten ihr Angebot lediglich nach der Nachfrage.

Wichtig: Eine Stunde Auslauf täglich kann keinen Ausgleich für dreiundzwanzig Stunden Intensivhaltung darstellen. Vielmehr sollte dem Tier in dieser Stunde zusätzliche Bewegungsfreiheit gewährt werden.

Artgerechte Ausmaße

Verzichten Sie also bitte den Tieren zuliebe auf die besonders reizvollen Sonderangebote. Führen Sie sich vor allem vor Augen, daß das beim Kauf meistens noch junge und daher kleine Meerschweinchen als erwachsenes Tier wesentlich mehr Platz braucht, der Käfig also „auf Zuwachs" berechnet sein muß.

Nehmen Sie folgenden Hinweis als **Anhaltspunkt:** Dieses Buch bedeckt aufgeschlagen etwa die Fläche, die ein ausgewachsenes Meerschweinchen mindestens benötigt, um eine einigermaßen bequeme Ruhehaltung einzunehmen. Wollen Sie Meerschweinchen ihrem sozialen Anspruch gemäß, also mindestens zu zweit halten, müssen Sie also bereits die doppelte Fläche rechnen und haben damit noch immer nur die Ruhefläche berücksichtigt!

Den Platz einer dritten Buchdoppelseite müssen Sie für die Futterplätze einrechnen (Futternapf für Grundfutter, Legefläche für Grünfutter), die ja als Bewegungsraum für die Tiere wegfallen.

Die meisten handelsüblichen Käfige sind leider zu klein

Schließlich sollten Sie noch die Fläche einer einzelnen Seite für die Klo-Ecke(n) berücksichtigen. Was jetzt noch an Platz übrigbleibt, ist der effektive Bewegungsspielraum für die Meerschweinchen – in einem der üblichen Käfige von 70 cm Frontlänge ist das kaum der Rede wert! (Sollten Sie Kaninchen und Meerschweinchen

Unser Tip

Nehmen Sie dieses Buch als Maßstab mit in die Zoohandlung, und prüfen Sie damit die Größenverhältnisse des Käfiges vor Ort. Erfahrungsgemäß schätzt man diese erst richtig ein, wenn man den Käfig samt Insassen vor Augen hat..

zusammen halten wollen, müssen Sie darüber hinaus bedenken, daß selbst ein reinrassiges Zwergkaninchen fast anderthalbmal so groß ist wie ein Meerschweinchen und somit natürlich noch entsprechend mehr Platz benötigt).

Also: Greifen Sie lieber zu einem der großen Käfigmodelle mit einer Grundfläche von etwa 100 x 50 cm. Sie sind zwar selten unter DM 100,– zu bekommen, doch ist die Ersparnis gegenüber billigeren Standardmodellen nur auf den ersten Blick lohnend. Ein einfaches Rechenbeispiel soll dies verdeutlichen: Bei einem Anschaffungspreis von DM 100,– für einen großen Käfig und einer auf fünf Jahre veranschlagten Lebensdauer der Meerschweinchen würde Sie dieser Käfig pro Tag etwas über 5 Pfennige (!) „kosten". Das sollte Ihnen das Wohl Ihrer Hausgenossen doch wert sein! Bei einem günstig erworbenen kleineren Käfig sparen Sie ein einziges Mal, die Tiere aber haben Tag für Tag die Folgen zu tragen …

Kunststoff, Glas oder Gitter?

Die elegant wirkenden Vollkunststoffkäfige mit durchsichtiger Oberschale haben neben der geringeren Größe noch andere Nachteile, welche sie für Meerschweinchen eher unbrauchbar machen; so ist der Luftaustausch im Inneren sehr schlecht, was beim gewaltigen Stoffwechsel der Meerschweinchen schnell zu „dicker Luft" und damit auch zu Krankheitsanfälligkeit führt, und bei Sonneneinstrahlung heizen sie sich schnell stark auf.

Der mangelnde Luftaustausch macht auch große Aquarien als Unterkünfte für Meerschweinchen eher ungeeignet; das Verhältnis Grundfläche zu Höhe ist meist zu ungünstig. Bei einer Grundfläche von $^1/_2$ m^2 sollte die Höhe 30 cm nicht überschreiten; in der Regel braucht man dann auch keine Abdeckung, denn nur selten versuchen besonders sportliche Meerschweinchen, solche „Hürden" zu überwinden.

Viele Zoohandlungen bieten als Service die Sonderanfertigung eines Beckens nach den Maßvorgaben des Meerschweinchenhalters an.

....

Unser Tip

....

Fragen Sie im Zoohandel nach Käfigen mit dunklem Gitter; nur reges Kundeninteresse veranlaßt die Hersteller dazu, ihr Sortiment entsprechend zu erweitern bzw. umzugestalten.

Nachteile der Haltung hinter Glas sind:

◆ das hohe Gewicht des Käfigs (und der damit notwendige stabile Unterbau)

◆ die ständige Verschmutzung der Scheiben durch Urin und Grünfuttersäfte

◆ die erschwerte Anbringungsmöglichkeit von Heuraufe und Wasserflasche.

Nach wie vor ist also dem Gitterkäfig der Vorzug zu geben. Achten Sie vor allem auf eine 12 bis 15 cm hohe Bodenwanne, damit bei den gelegentlichen „Schweinerennen" im Käfig nicht zuviel Einstreu herausfliegt. Ideal ist es, wenn sich der Käfig sowohl von oben als auch von vorn öffnen läßt, denn dann kann man ihn sowohl auf dem Fußboden als auch erhöht aufstellen und bedienen. Meines Wissens gibt es unter den großen Käfigmodellen bislang noch keines mit dunklem bzw. dunkelbraunem Gitter. Das ist bedauerlich, denn glänzendes, folglich stark reflektierendes Metallgitter „fängt den Blick ab" und behindert die Sicht auf die Tiere.

Eigenbau bietet viele Möglichkeiten

Meerschweinchen sind weder Ausbruchskünstler, noch besitzen sie den Zerstörungsdrang mancher anderer Nagetiere. Da bietet es sich an, daß ein geschickter Heimwerker einen attraktiven Käfig selbst baut oder, wenn genügend Raum vorhanden ist, ein regelrechtes Zimmergehege anfertigt.

Wichtig: Wenn Sie Holz oder andere poröse Werkstoffe verwenden, bedenken Sie, daß diese den Urin aufnehmen. Schon bald würden sich unangenehme Gerüche entwickeln.

Aus kunststoffbeschichteten Spanplatten, wie sie auch für den Bau von Küchenmöbeln Verwendung finden, lassen sich – bei sorgfältiger Abdichtung aller Fugen mit Silikon – sehr praktische und gefällige Meerschweinchenunterkünfte von nahezu beliebiger Größe herstellen. Dabei kann auch Glas eingesetzt werden, z. B. als Frontscheibe, die natürlich nicht zu hoch sein darf (siehe Seite 39).

Die „Prunkvilla"

Meerschweinchenfans, die über viel Platz verfügen, können ihren kleinen Hausgenossen den Luxus eines phan-

Ein „Schweineparadies": Zimmergehege für eine große Familiengruppe von Meerschweinchen

tasievollen Zimmergeheges gönnen. Die Gestaltungsmöglichkeiten sind unbegrenzt.

Dazu ist zu sagen, daß für ein Tier der Begriff „Kitsch" nicht existiert. Ein Meerschweinchen versteckt sich in einer hölzernen Miniaturausgabe des Kölner Doms genauso gern wie in einer Korkrindenröhre – Hauptsache, seinem Bedürfnis, sich zu verstecken, wird ausreichend Rechnung getragen. Wenn auch die anderen elementaren Bedürfnisse berücksichtigt werden, die Reinigung und die Versorgung mit Futter leicht durchzuführen sind, spricht nichts gegen eine aufwendige Meerschweinchen-Villa.

Der richtige Käfigstandort

Schon im Hinblick auf die klimatischen Verhältnisse ist verschiedenes zu berücksichtigen:

■ Meerschweinchen vertragen keine große Hitze, weswegen der Käfig keinesfalls der Mittagssonne ausgesetzt sein darf, andererseits aber bevorzugen sie doch einen hellen Standort. Ideal ist ein Platz in der Nähe eines Ostfensters, der ihnen etwas Morgensonne beschert.

■ Bei kühler Haltung können sich die Tiere erkälten.

Unser Tip

Möchten Sie den Käfig auf den Boden stellen, obwohl Ihre Wohnung fußkalt ist, legen Sie zur Wärmeisolierung eine Styroporplatte passender Größe darunter.

■ Zugluft ist unbedingt zu vermeiden! Öffnen Sie Zimmertür und Fenster, und stellen Sie eine brennende Kerze an den Platz, den Sie für den Käfig vorgesehen haben. Flackert die Flamme, dann zieht es! Wenn sich keine andere Möglichkeit anbietet, muß der Käfig windseitig mit einer Decke verhängt werden, solange das Fenster geöffnet ist.

■ Selbstverständlich gehört der Käfig nicht direkt vor oder gar auf einen Heizkörper.

■ Auch ist zu bedenken, daß Ohren und Nase des Meerschweinchens um ein Vielfaches empfindlicher sind als die des Menschen. Deswegen gehören die Tiere nicht in die Küche (Geschirrklappern/Kochdünste) und bei sehr lautstarken Kindern auch nicht in deren Zimmer; in die Nähe von Lautsprecherboxen schon gar nicht. Ansonsten eignen sich Wohn- und Kinderzimmer am besten für die Meerschweinchen-

Sheltie (vorn), Sheltie Satin (hinten)

haltung, denn die Tiere verursachen nachts kaum Geräusche und stören daher auch nicht den Schlaf ihrer menschlichen Mitbewohner.

■ Meistens werden Meerschweinchenkäfige auf den Boden gestellt, weil sie dort für Kinder leichter erreichbar sind.

Wichtig: Werden Meerschweinchen am Boden gehalten, werden sie langsamer zahm. Denn sie sind dort schreckhafter, weil ihr Instinkt jede Bewegung, die sie über sich wahrnehmen, als „Greifvogelangriff" meldet und sie lange brauchen, um zu lernen, daß ihnen keine Gefahr droht.

Der Standort auf dem Fußboden hat für die Erwachsenen den Nachteil, daß er in jeder Hinsicht wenig rückenfreundlich ist. Bequemer ist es, den Käfig auf einen Unterbau von etwa 70 bis 80 cm Höhe zu stellen. Besonders praktisch ist ein für Aquarien gedachter Unterschrank, in dem gleich sämtliches Zubehör Platz findet. Damit steht man seinem Pflegling zwar noch immer nicht „Auge in Auge" gegenüber, aber die Kontaktaufnahme ist doch wesentlich erleichtert, was die Beziehung zwischen Mensch und Meerschwein sehr fördert. Denn mal eben im Vorbeigehen den Finger durch das Gitter zu stecken summiert sich im Laufe des Tages zu einer erklecklichen Anzahl

■ *Coronet*

von direkten „Fühlungsnahmen", die kaum zustande kommen, wenn der Käfig auf dem Fußboden steht.
Der Einfluß des Elektrosmogs auf Mensch und Tier ist noch immer umstritten. Manche Tiere fühlen sich merklich unwohl, wenn sie ihren Platz in der Nähe des Fernsehers haben, wo sie zusätzlich noch den Hochfrequenztönen ausgesetzt sind. Andere hingegen zeigen ein völlig normales Verhalten.

Unser Tip

Halten Sie einen Sicherheitsabstand von ca. $1^1/_2$ m zu TV/Video, Stereoanlage, Heimcomputer usw. ein.

Einrichtung und Zubehör

Hinsichtlich der „Möblierung" ihrer Behausung sind Meerschweinchen nicht anspruchsvoll. Hauptsache, ihren artgemäßen Bedürfnissen wird Rechnung getragen.

Einstreu

■ Als Einstreu verwendet man in der Regel handelsübliche *Kleintierstreu* (Hobelspäne). Sie sollten ruhig mehrere Sorten aus dem Angebot ausprobieren. Billigangebote enthalten, wie oft auch die Hobelspäne vom Tischler, häufig sehr viel Holzstaub, der sich nicht nur auf die umstehenden Möbel legt, sondern außerdem für die Atmungsorgane von Mensch und Tier ungesund ist. Bedenken Sie, daß Ihre Meerschweinchen die Nase nur wenige Zentimeter über der Streu halten und mit jeder Bewegung den schädlichen Staub aufwirbeln.

■■ *Stroh* ist zwar eine brauchbare, in einer Wohnung aber recht unpraktische Einstreu. Die in neuerer Zeit propagierten Strohpreßlinge aus zermahlenem Stroh lassen sich wohl besser handhaben, zerfallen jedoch schnell zu einer Art Sägemehl. Dieses bietet den Meerschweinchen zwar eine herrlich weiche Unterlage, läßt dann aber kaum noch Luft durch, weswegen in derart ausgestatteten Käfigen die Klo-Ecken wesentlich schneller unangenehme Gerüche entwickeln als in solchen mit lockeren Hobelspänen.

■■ *Heu* ist normalerweise als wichtiges Grundnahrungsmittel und weniger als Bodengrund gedacht; da viele Meerschweinchen es aber lieben, sich unter Heu zu verstecken, sollte man ihnen stets frisches Heu als Rauhfutter in einer Futterraufe anbieten und gleichzeitig zwei Handvoll zum „Spielen" auf die Einstreu legen.

Die Raufe

Der Sinn der Raufe besteht darin, das darin angebotene Futter vor der Verschmutzung durch Kot und Urin zu schützen; daß in einigen Käfigmodellen einfach nur ein schräggestelltes Gitter in eine Ecke der Käfigwanne gesetzt wird, ist also völliger Unsinn. Dann nämlich können Meerschweinchen (und Kaninchen) leicht in die Raufe steigen und das Futter „vollpieseln". Heuraufen, die Sie übrigens auch einzeln als Zubehör kaufen können, falls Ihr Käfig keine enthält, werden grundsätzlich so hoch angebracht, daß kein Tier hineinsteigen kann. Bei sehr hohen Käfigwannen bedeutet das manchmal, daß die Raufe selbst in niedrigster Position für ein Meerschweinchen (das bekanntlich nicht allzu gelenkig ist) noch unbequem hoch hängt.

Auch Grünfutter wie Löwenzahn, Gras oder Endivie kann in einer Raufe angeboten werden, allerdings nicht zusammen mit dem Heu; Sie müßten dann also eine zweite kaufen. Da jedoch Mengen gereicht werden sollten, die innerhalb kurzer Zeit restlos verzehrt werden und somit kaum verschmutzt werden können, ist dies nicht unbedingt nötig. Legen Sie das Grünfutter einfach auf die Einstreu – nur nicht gerade auf die Klo-Ecke; aus einem Napf würde es sowieso herausgezerrt.

Der Futternapf

Ein Futternapf ist für das Grundfutter notwendig. Er muß so groß sein, daß zwei Meerschweinchen bequem gleichzeitig daraus fressen können, und so standfest, daß er nicht kippt, wenn sich ein Tier mit den Vorderfüßen auf seinen Rand stützt. Ausrangierte Kompottschälchen und ähnliches sind folglich unbrauchbar, weil sie leicht kippen; es sollte schon einer der handelsüblichen Steingutnäpfe sein.

Die zum Anhängen ans Käfiggitter gedachten Futterautomaten aus Metall sind für Meerschweinchen eher unbequem.

Der Futternapf sollte nicht am Rand des Käfigs stehen, da er dort nicht nur ein Hindernis darstellt (wie die meisten kleineren Tiere bewegen sich Meerschweinchen am liebsten mit „Wandkontakt", weil sie sich so geborgener fühlen), sondern eventuell sogar als Toilette mißbraucht wird.

Wichtig: Rund um den Futternapf sollte genügend Platz zum Vorbeilaufen bleiben. Ein Hindernislauf bringt den Meerschweinchen zwar Abwechslung, doch sollten die Hindernisse kein verderbliches Futter enthalten!

Beim Fressen wird gleich Krallenpflege betrieben
Um die Krallen der Meerschweinchen in Form zu halten, können Sie auch zwei Ziegelsteine direkt nebeneinander auf den Käfigboden legen und den Futternapf darauf stellen; beim Erklimmen dieser Stufe nutzen sich die Krallen besser ab als auf der weichen

Einstreu. Den gleichen Effekt erzielen Sie übrigens, wenn Sie z. B. eine Sandsteinplatte (als Dekorationsmaterial in Fachgeschäften für Aquarien und Terrarienzubehör erhältlich) in der Käfigmitte plazieren, daß die Tiere häufig darüber hinweglaufen. Beides geht natürlich nur bei einem Käfig mit festem Standplatz, da er wegen der schweren Steine kaum noch zu transportieren wäre und zudem die Kunststoffschale schnell brechen würde.

Was liegt denn da Leckeres vor der Tür?

Die Tränke

Neben dem Futtergefäß ist auch ein Behältnis für Trinkwasser notwendig. Zwar lassen sich Meerschweinchen bei hoher Grünfutterzufuhr auch ohne Trinkwasser halten, doch bevorzugen die meisten eine direkte Flüssigkeitsaufnahme. Ein Napf ist hierfür ungeeignet, da er schnell durch Einstreu und Kotböhnchen verschmutzt wird. Verwenden Sie eine handelsübliche Kleintiertränke (Flasche mit Trinkröhrchen), die von außen ans Käfiggitter gehängt wird.

Das „Häuschen"

Am Punkt „Meerschweinchenhäuschen" scheiden sich die Geister. Einerseits verkriechen sich die Schweinchen – ihrer Abstammung

gemäß (siehe Seite 10) – sehr gern, andererseits kommen viele auch sehr gut ohne ein Dach über dem Kopf aus, wenn sie keinerlei Unruhe ausgesetzt sind. Von Natur aus scheuere Tiere trauen sich oft kaum aus ihrem Häuschen heraus und brauchen dann sehr viel länger, um zahm zu werden; nimmt man es ihnen jedoch, werden sie noch schreckhafter. Daher mein Vorschlag: Kaufen Sie für den Anfang auf jeden Fall ein Meerschweinchenhaus, und beobachten Sie Ihre neuen Hausgenossen eingehend. Testen Sie nach vollzogener Eingewöhnung, wie sie auf stundenweisen „Hausentzug" reagieren:

■ Werden die Nager nicht nur für kürzere Zeit, sondern anhaltend nervös, sollten Sie das Häuschen schnellstens wieder hineinstellen.

■ *Mal sehen, wer von uns beiden schneller ist*

■ *Wenn man gelenkig ist, kommt man auch durchs Fenster raus*

■ Nehmen die Meerschweinchen das Fehlen gelassen hin, können Sie es völlig ohne Häuschen probieren und den Tieren damit mehr Bewegungsspielraum zum ausgelassenen Rennen im Käfig bieten.

Ein Kompromiß ist es, statt eines Häuschens lediglich ein Brett am Gitter zu befestigen, das als Dach dient (also etwa 15 cm über dem Boden angebracht wird) und durch Ergänzung mit einer Rampe sogar als Ausguck benutzt werden kann. Meerschweinchenhäuser aus Holz sind zwar hübscher und „atmungsaktiver" als Kunststoffhäuser, saugen sich aber leider schnell mit Urin voll

und müssen daher häufig gegen neue ausgetauscht werden.
Kunststoffhäuschen sind wesentlich geeigneter. Meerschweinchen zeigen kaum Neigung, ihr Häuschen anzunagen, weshalb wenig Gefahr durch Plastikteile droht.

Spielgerät

Ob Sie noch weitere Einrichtungsteile – z. B. in Form von Wurzeln, Holzpodesten usw. – unterbringen können, hängt von der Größe des Käfigs ab. Selbst im empfohlenen Großkäfig mit $1/2$ m^2 Grundfläche ist nicht uneingeschränkt Platz für Dinge, die das

Meerschweinchenleben aufregender machen. Immerhin sind unsere Nager Lauf- und keine Klettertiere und brauchen in ihrem Käfig Platz, sich auszutoben, ohne alle drei Schritte über irgendein Hindernis kraxeln zu müssen! Derartige „Parcours" sollten nur im Zimmergehege eingebaut werden. Bei normaler Käfighaltung sollten Freunde von „Turnierschweinchen" für die Zeiten des Auslaufs entsprechende Abenteuerspielplätze außerhalb des Käfigs konstruieren.

Haltung außerhalb von Haus oder Wohnung

Prinzipiell lassen sich Meerschweinchen auch im Freien halten. Aber für den Winter in unseren Breiten sind sie nicht ausgerüstet, denn in ihrer Heimat ist es in dieser Jahreszeit kalt und trocken, und die nasse Kälte bei uns beeinträchtigt die Gesundheit der Tiere, wenn sie nicht fachgerecht untergebracht sind.

Stallhaltung bringt es außerdem mit sich, daß sich zwischen Mensch und Meerschwein keine besonders enge Beziehung entwickeln kann. Dabei hat man sich doch gerade aus diesem Grund ein „Streicheltier" angeschafft. So will ich auch auf die Unterbringung außerhalb des Hauses hier nicht

näher eingehen. Hinweise zur richtigen Unterbringung einer Großzucht und zum Bau von Stallungen finden Sie in der zum Themenbereich Kaninchen erhältlichen Fachliteratur.

Auf dem Balkon

Um Ihren Tierchen ab und zu frische Luft und ein paar Sonnenstrahlen zu gönnen, können Sie sie für ein Stündchen mit auf den Balkon nehmen. Es muß ihnen aber jederzeit möglich sein, eine schattige Ecke aufzusuchen – notfalls decken Sie einen Teil des Käfigs mit einem Tuch ab.

Freier Auslauf auf dem Balkon ist nicht zu empfehlen, denn auf den meisten Balkonen besteht „Absturzgefahr", und sie sind kaum ohne größeren Aufwand meerschweinchengerecht auszustatten. Außerdem führen Fußkälte in schattigen Ecken und Zugluft schnell dazu, daß das Meerschweinchen krank wird.

Im Garten

Gartenbesitzer können ihren Meerschweinchen stundenweise Auslauf mit Weidemöglichkeit bieten. Am einfachsten ist es, Sie stellen dazu das Gitteroberteil des Käfigs direkt auf den Rasen und setzen die Tiere darunter, die allerdings auch hier jederzeit eine schattige Stelle erreichen

Links ein zerlegbarer Rasenauslauf in Gatterbauweise. Wenn auf eine Abdeckung verzichtet wird, ist ständige Aufsicht unerläßlich (wegen Katzen, Greifvögeln usw.). Der transportable Gartenauslauf in Festbauweise (rechts) kann unbeaufsichtigt bleiben

können müssen (Sonnenwanderung beachten!). Der Untergrund muß einigermaßen eben sein und der Käfig beschwert werden, damit die Tiere nicht einfach mit der Nase das Gitter anheben und so entkommen. Sie wieder einzufangen ist gar nicht so einfach. Selbst ein sehr zahmes Meerschweinchen erfindet erstaunliche Ausweichmanöver, wenn es erst einmal ins Freie gelangt ist.

Es gibt im Handel fertige, zusammenlegbare Rasenausläufe für Meerschweinchen und Kaninchen, die gut geeignet sind; geschickte Heimwerker bauen sie natürlich selbst. Wichtig ist in jedem Fall, daß der Auslauf auch von oben sicher verschlossen ist; sonst könnte in einem unbewach-

ten Augenblick eine Katze auf Pirsch oder ein umherstreifender Nachbarshund das Meerschweinchen als Schnellimbiß betrachten!

Natürlich müssen Sie bei der Aufstellung des Auslaufs sorgfältig darauf achten, daß die Meerschweinchen nicht an Giftpflanzen kommen können (siehe Giftpflanzentabellen Seite 92).

Wichtig: Besonders Besucherkinder füttern die Meerschweinchen gern durch das Gitter hindurch mit Grünzeug, das sie in der Nähe abgerupft haben. Es darf also auch keine Giftpflanze neben dem Auslauf wachsen – lassen Sie die Kinder besser nicht mit den Tieren allein!

Die richtige Ernährung

Allgemeine Regeln für die Fütterung

■ Verlassen Sie sich nicht darauf, daß Meerschweinchen nur solches Futter zu sich nehmen, das ihnen nicht schadet!

■ Sorgen Sie dafür, daß das Futter auf den Stoffwechsel des Meerschweinchens abgestimmt ist.

■ Gesammeltes Grünfutter darf nicht aus der unmittelbaren Umgebung von Fabriken, von stark befahrenen Straßen oder von Feldern (Insekten- und Pflanzengifte!) stammen.

■ Achten Sie beim Sammeln von Grünzeug darauf, daß sich keine Giftpflanzen dazwischen befinden!

■ Waschen Sie jedes Obst und Gemüse – ob gesammelt oder gekauft – sorgfältig ab. Auch auf garantiert ungespritzter Ware kann z. B. Vogelkot mit Krankheitserregern kleben.

■ Lassen Sie abgewaschenes Grünfutter jeder Art vor dem Verfüttern gut abtropfen bzw. tupfen Sie es trocken.

■ Verfüttern Sie Grünfutter nie direkt aus dem Kühlschrank!

Die täglichen Futtermengen

Das Meerschweinchen ist von Natur aus ein Weidetier und aufgrund des geringen Futterwertes seiner natürlichen Nahrung darauf eingerichtet, praktisch den ganzen Tag lang zu fressen und zu verdauen. Bei nur einer oder zwei Hauptmahlzeiten täglich wird das hungrige Tier zu große Mengen auf einmal aufnehmen, sein Verdauungsapparat ist aber auf gleichmäßige Zufuhr geringer Nahrungsmengen eingerichtet, und so können erhebliche Störungen auftreten. Außerdem entsteht schnell Langeweile, wenn man dem Meerschweinchen seine natürliche Hauptbeschäftigung weitgehend entzieht, denn es ist ja auf Dauerfressen eingestellt. Deshalb sollten Ihre Meerschweinchen ständig Zugang zu Grundfutter (Pellets) sowie zu Rauhfutter (Heu) haben, und es muß stets frisches Trinkwasser bereitstehen.
Grünfutter sollte möglichst mehrmals am Tag in kleinen Portionen angeboten werden, statt nur ein- oder zwei-

*Hier muß man Durchsetzungs-
vermögen haben*

*So laßt mich doch auch mal am
Apfel knabbern!*

mal in größerer Menge. Da die verschiedenen Grünfuttersorten unterschiedlich gehaltvoll sind, läßt sich nicht in Gramm oder „Möhrenzentimetern" angeben, welche Menge die richtige für Ihr Schweinchen ist; zudem ist der Verbrauch individuell

*Meerschweinchen sind von
Natur aus keine Körner- und Nuß-
fresser, sondern Weidetiere*

sowie nach Alter und Geschlecht verschieden bzw. abhängig davon, ob ein Weibchen trächtig ist oder Junge aufzieht. Gerade durch anfängliches Ausprobieren bekommen Sie jedoch schnell ein Gefühl dafür, wieviel Grünkost Ihr Meerschweinchen täglich verlangt.

Grundfutter

Körner

Die im Handel erhältlichen „bunten" Körnermischungen sprechen leider mehr das menschliche Auge an, als daß sie auf den Magen des Meerschweinchens abgestimmt wären. Meerschweinchen gewöhnen sich schnell eine gewisse Naschhaftigkeit an, so daß sie nur die schmackhaftesten (und gehaltvollsten) Bestandteile

aus der Körnermischung heraus-
picken und den Rest verschmähen.
Den Großteil des (nicht gerade bil-
ligen) Futters müssen Sie wegwerfen,
und am Ende haben Sie ein einseitig
ernährtes Meerschwein, das möglicherweise noch stark verfettet ist.

Pellets

Eine wesentlich gesündere Ernährung
stellen Pellets (Preßlinge) dar, Röll-
chen aus getrocknetem und gepreß-
tem Grünfutter, die zusätzlich Vitamine, Mineralien und Spurenele-
mente enthalten. Spezielle Meer-
schweinchenpellets sind selten im
Handel und wenn, dann recht teuer.
Da die Nahrungsansprüche von
Meerschweinchen aber denen der
Kaninchen praktisch gleich sind, können Sie Kaninchenpellets verwenden,
die Sie außer in Zoohandlungen auch
bei landwirtschaftlichen Genossen-
schaften erhalten.
Der Futternapf kann ständig mit Pellets gefüllt sein, denn daran kann sich
das Meerschweinchen nicht überfres-
sen und dann fett werden –
letzteres gilt natürlich
nur, wenn es ausrei-
chend Bewegung
hat und nicht in
einem zu engen
Käfig leben muß.

Unser Tip

Wenn Sie im Landwirtschaftshandel
Pellets kaufen, dann achten Sie darauf, daß Sie Züchterpellets bekommen. Es gibt nämlich auch spezielle
Pellets für die Mast, die für Meerschweinchen ungeeignet sind.

Leckereien als Zugabe

Natürlich ist das Leckermäulchen
Meerschwein auch immer für eine
Abwechslung im Speiseplan zu
haben. So können Sie ihm die täglichen Pellets immer einmal mit einer
kleinen (!) Menge anderen Futters
garnieren. Hier erfüllt die vorhin ge-
nannte *Körnermischung* durchaus
ihren Zweck; eine Handvoll davon zu
den Pellets schadet den Tieren nicht
und sorgt für Abwechslung. Auch
Haferflocken, Cornflakes oder *zerbrö-
seltes Knäckebrot* sind in geringer
Menge begehrte Leckerbissen. Der
Handel bietet zudem diverse Lecke-
reien wie Drops usw. an, die von vielen Tieren gern genommen werden,
aber immer nur in allerkleinsten
Mengen gereicht werden sollten. Denken Sie daran: Ein
Leckerbissen bleibt nur
dann interessant, wenn er
nicht ständig erreichbar ist!

Nehmen Sie beim Kauf Ihrer Meerschweinchen ein Päckchen des Futters mit, das sie vom Züchter bzw.
vom Händler her gewohnt sind. Ist
dies eine Körnermischung, dann stellen Sie die Tiere allmählich auf die
gesünderen Pellets um, indem Sie
beide Futtersorten mischen und allmählich das Mischungsverhältnis
zugunsten der Pellets verändern.

Rauhfutter

Frisches Heu als sogenanntes Rauh-
oder Ballastfutter muß dem Meerschweinchen ständig zur Verfügung
stehen, da sonst sein Verdauungstrakt
nicht richtig arbeiten kann. Sie erhalten es in Tüten im Zoogeschäft oder
als Ballen direkt beim Bauern. Lagern
Sie es luftig und trocken, damit sich
keine Pilzsporen darin festsetzen, die
das Leben Ihrer Meerschweinchen
gefährden können.
Richtig gelagertes Heu riecht angenehm und würzig, verdorbenes hingegen muffig – es darf auf keinen Fall
mehr verfüttert werden! Auch als
„Bettzeug" für Meerschweinchen ist
es nicht mehr brauchbar, da auch dieses gefressen wird.

Beschäftigungsfutter

Dieses dient nicht nur dem Zeitver-
treib, sondern vor allem auch der
Zahnpflege. Wie bei allen Nagetieren
wachsen die wurzellosen Schneide-
und Backenzähne des Meerschweinchens lebenslang weiter und nutzen
sich nur durch Nagen und Kauen regelmäßig ab.

Wichtig: Ist das Futter auf Dauer zu
weich, können die Zähne Überlänge
erreichen und die Nahrungsaufnahme
be- bzw. schließlich sogar verhindern.

Wildmeerschweinchen pflegen ihre
Zähne z. B. durch Nagen an Rinde
oder harten Knollen; an ihrem Grünfutter hängen oft Sandkörnchen, die
mitgefressen werden und beim Kauen
die Zähne abschleifen.
Nun sollten Sie das Grünfutter Ihres
Haustieres nicht mit Sand „würzen",
der leicht im Magen liegenbleiben
kann; schließlich haben Sie andere
Möglichkeiten.

Geben Sie als Beschäftigungsfutter
keine Zweige von Ziergehölzen!
Viele von ihnen enthalten Gifte.

■ *Auch ein Maiskolben als Knabberstange dient der natürlichen Zahnpflege*

Geben Sie Ihren Meerschweinchen altes, **hartes Brot** (ohne Schimmel!) oder ungespritzte **Zweige** und Aststücke von Obstbäumen, die zum Nagen anregen. Eine weitere Möglichkeit sind die handelsüblichen **Knabberstangen, -herzen** usw., die aber – da aus Körnern bestehend – eher nur als Leckerbissen dienen sollten.

Bei Zahnfehlstellungen hilft auch kein Beschäftigungsfutter

Manche Meerschweinchen haben Zahnfehlstellungen, die auf Erbfehlern beruhen: Die gegenüberstehenden Zähne verfehlen sich und nutzen sich deshalb nicht gegenseitig ab. Vor allem die Backenzähne sind davon betroffen. Sie selbst können dies allerdings ohne veterinärmedizinische Hilfsmittel nicht kontrollieren.

Ein Hinweis auf zu lange oder fehlgestellte Backenzähne ist jedoch ständiger Speichelfluß aus den Mundwinkeln. Suchen Sie einen Tierarzt auf, der die Zähne kürzen kann. Handelt es sich tatsächlich um einen nicht korrigierbaren Erbfehler, nützt auch das Anbieten harter Nahrung wenig; die Zähne müssen dann regelmäßig vom Tierarzt gekürzt werden.

■ *Ständiger Speichelfluß vermischt mit Futterbrei deutet auf Zahnprobleme hin*

Grünfutter

Heutzutage sind ja viele Obst- und Gemüsesorten ganzjährig erhältlich, und die abwechslungsreiche Versorgung des Meerschweinchens macht keine Schwierigkeiten. Dazu kommen einige Sorten, die Sie im Freien sammeln können. Eine einzige Löwenzahnpflanze kann für das Tier wertvoller sein als ein ganzer Salatkopf aus dem Gewächshaus! Noch mehr als bei anderen Futterbestandteilen gilt hier: Beachten Sie die individuellen Vorlieben Ihrer Pfleglinge, aber füttern Sie nicht täglich dasselbe!

Wildpflanzen

Wenn Sie Futter selbst sammeln wollen, müssen Sie die geeigneten Pflanzen erkennen können. Dabei ist Ihnen ein Bestimmungsbuch über heimische Pflanzen sehr nützlich, in dem giftige Pflanzen oft eigens markiert sind. Eine Übersicht über die wichtigsten giftigen Garten- und Wildpflanzen finden Sie auf Seite 92.

Wichtig: Sammeln Sie nicht an Ackerrändern und Straßen, auch wenn dort meistens der prächtigste Löwenzahn wächst – er ist durch Überdüngung, Spritzmittel und Abgase zu stark belastet!

Geeignete Wildpflanzen

Beinwell *(Symphytum)*
Gänsedistel *(Sonchus)*
Gras
Hirtentäschelkraut
(Capsella bursapastoris)
junge Brennesseln *(Urtica)*
Löwenzahn *(Leontodon)*
Sauerampfer *(Rumex acetosa)*
Vogelmiere *(Stellaria media)*
Wegerich *(Plantago)*
Wiesenbärenklau *(Heracleum sphondyleum)*

Vorsicht vor nicht exakt bestimmbaren Pflanzen!
Lassen Sie die Finger von allen Pflanzen, die nicht im Bestimmungsbuch zu finden sind oder von denen lediglich die Blüte abgebildet ist!
■ Zur ersten Kategorie gehört z. B. der **Riesenbärenklau,** auch **Herkulesstaude** *(Heracleum)* genannt, der durch Samenflug aus Gärten verwildert und inzwischen vielerorts anzutreffen ist. Die Staude wird mannshoch und entwickelt riesige Blütendolden. Ihr ätzender Saft ist nicht nur gefährlich, wenn man ihn trinkt, sondern er kann schon bei Berührung und Verletzung der Pflanze schwere Hautverbrennungen zufügen.

■ *Bärenklau*

■ Zur zweiten Kategorie gehört die **Herbstzeitlose** *(Colchicum),* von der viele Bestimmungsbücher nur die krokusartigen Blüten zeigen; zur Blütezeit im Herbst trägt die Pflanze aber kein Laub. Dieses erscheint im Frühjahr und bleibt bis zum Sommer stehen; die saftiggrünen Blattschöpfe locken sehr zum Ernten, sind aber hochgiftig!

Gartenpflanzen
Nur bei wenigen Obst- und Gemüsesorten gibt es Probleme. Giftig sind vor allem
◆ das Kraut von Tomaten
◆ das Kraut von Kartoffeln
◆ Kartoffelkeime.

Nicht giftig, aber für einen derart kleinen Organismus wie dem des Meerschweinchens sehr schädlich sind die meisten Salatsorten, da sie in der Regel extrem viele Schadstoffe (u.a. durch Überdüngung) enthalten. Verzichten Sie also sicherheitshalber auf
◆ Kopfsalat
◆ Eisbergsalat
◆ Friséesalat und ähnliche Sorten.
Endivie und Chicoree sind ein guter und ebenso beliebter Ersatz dafür.
◆ Kohl ist der Verdauung nicht sehr zuträglich und führt oft zu Blähungen, weswegen auch er in allen Sorten mit Vorsicht zu genießen ist.
Von den genannten Sorten abgesehen können Sie bei der Fütterung die gesamte Obst- und Gemüsepalette ausprobieren, die auch Ihnen zur Verfügung steht.

■ *Möhrenkraut ist ein beliebtes Grünfutter*

Vitaminbombe: Rohkostplatte für 2 „Personen"

Gemüse sollte aber immer den Schwerpunkt der Grünfutterversorgung bilden, da vor allem sehr süßes (zuckerhaltiges) Obst Verdauungsprobleme hervorrufen kann, wenn die angebotene Menge zu groß ist. Betrachten Sie Obst lieber als Leckerbissen zur Vitaminversorgung, und stellen Sie das Grünfutter-Grundsortiment aus Gemüse zusammen.

Wichtig: Achten Sie auf die Qualität des Grünfutters! Schimmelige, matschige oder vergammelte Teile gehören nicht in den Meerschweinchenkäfig, sondern in den Müll. Bieten Sie den Tieren Grünes nur in der Qualität, in der Sie es auch selbst verzehren würden!

Weitere Nahrungsbestandteile

Tierische Nahrung enthält der Speisezettel des Meerschweinchens nicht; im Gegensatz zu vielen anderen Nagern ist es ein reiner Vegetarier. Speisereste haben im Meerschweinchenkäfig nichts verloren. Es gibt allerdings zwei Ausnahmen, die den Tieren nicht schaden und sehr beliebt sind:
◆ gekochte Kartoffeln
◆ gekochte Nudeln
beide natürlich ohne jegliche Saucen- oder Butterreste!

Einen lebenswichtigen Bestandteil seiner Nahrung produziert das Meerschweinchen selbst: Eine spezielle Form seiner Ausscheidungen, den sogenannten **Blinddarmkot,** nimmt das Tier meistens direkt vom After wieder auf. Dieses Verhalten ist keineswegs krankhaft, sondern völlig natürlich und sorgt dafür, daß dem Körper bestimmte Stoffe durch die Ausscheidung nicht verlorengehen, sondern immer wieder „recycelt" werden. Auch die für die Aufschlüsselung der Nahrung benötigte Darmflora wird auf diese Weise regeneriert.

Die Zufuhr von **Mineralien** ist mit handelsüblichen Salzlecksteinen möglich, die ständig zur Verfügung stehen sollten.

Ein wichtiges Kapitel: Vitamin C

Das Meerschweinchen ist, wie der Mensch, auf die Zufuhr von Vitamin C angewiesen, um gesund zu bleiben. Alle anderen „Streichelnager",

wie überhaupt die meisten Säugetiere, können das Vitamin im eigenen Körper produzieren.

Es gibt drei Möglichkeiten, Meerschweinchen mit Vitamin C zu versorgen:

▬ Die beste und natürlichste Weise ist, Grünfutter mit einem hohen Anteil an Vitamin C zu verfüttern. Dazu zählen vor allem gesammelte Futtersorten wie **Löwenzahn, junge Brennesseln,** aber auch z.B. das **ungespritzte Laub von Brombeeren** und **Johannisbeeren.**

▬ Zitrusfrüchte enthalten bekanntlich besonders viel Vitamin C, werden aber nicht von jedem Meerschweinchen gefressen. Probieren Sie es trotzdem mit **Mandarine** oder **Orange,** und auch andere Südfrüchte sind einen Versuch wert – **Kiwis** beispielsweise, von denen meine Meerschweinchen allerdings die Schale lieber fressen als das Fruchtfleisch.

▬ Unter dem Gemüse gelten **Gemüsepaprika** und **Rote Bete,** aber auch Standardfuttersorten wie **Gurken** und **Möhren** als gut geeignet. Weniger bekannt ist, daß auch **rohe Kartoffeln** regelrechte Vitamin-C-„Bomben" sind! **Petersilie** zählt zwar ebenfalls dazu, sollte aber aufgrund darin enthaltener Giftstoffe nur gelegentlich und auch dann nur in kleiner Menge (nicht bundweise) angeboten werden.

Trinkwasser

Meerschweinchen haben einen ziemlich hohen Flüssigkeitsbedarf, der freilich von Tier zu Tier unterschiedlich ist und zudem vom Klima (Sommerhitze, trockene Heizungsluft) oder vom individuellen Zustand (Trag- und Säugezeit) abhängt.

Trinkwasser sollte den Tieren ständig zugänglich und täglich frisch sein; bieten Sie es in einer handelsüblichen Kleintiertränke an. Sollten Sie eine das ganze „Schweinehorde" in einem Zimmergehege halten, planen Sie lieber mehrere Flaschen statt einer einzigen großen ein.

Das Leben mit dem Meerschweinchen

Eingewöhnung und Zähmung

Es ist für das Meerschweinchen ein schwerwiegender Eingriff, wenn es aus seiner gewohnten Umgebung beim Händler oder beim Züchter herausgerissen wird. Als von Natur aus eher ängstliches Tier erlebt es den Transport in sein neues Heim verschreckt und zitternd, allerlei Geräuschen und Gerüchen ausgesetzt, von denen es nicht wissen kann, daß sie keine Gefahr signalisieren. Vollends verstört wird es, wenn es sich zu Hause der lebhaften Neugier der Familie gegenüber sieht, die ihm mit Streicheln auf den Pelz rücken will.

Behutsames Eingewöhnen

Ist das Meerschweinchen in seiner neuen Umgebung angekommen, dann braucht es vor allem Ruhe. Setzen Sie es in den bereitstehenden Käfig, wo es ein Häuschen vorfinden sollte, in dem es sich verstecken kann. Holen Sie es nicht gewaltsam aus seiner Transportschachtel, sondern öffnen Sie diese nur, und stellen Sie sie in den Käfig. So kann es selbst entscheiden, wann es genug Mut gesammelt hat, um die ersten Schritte in die neue Umgebung zu wagen; das kann unter Umständen Stunden dauern! Irgendwann aber erscheint dann der neugierige Nager doch, wenn auch noch etwas unsicher, und untersucht sein neues Domizil; in der Regel ist er jedoch schnell wieder verschwunden. Sollte er nun schon sein neues Häuschen aufsuchen, können Sie die Transportschachtel vorsichtig entfernen. Zieht er diese allerdings als Versteck vor, müssen Sie sie ihm noch eine Weile lassen.

Wichtig: Vermeiden Sie in der Anfangsphase schnelle Bewegungen und laute oder plötzliche Geräusche, und beobachten Sie den Käfig lediglich aus einiger Entfernung (was vor allem Kindern nur schwer zu vermitteln ist). Sie sollten aber schon ruhig zu dem Meerschweinchen sprechen, um es an Ihre Stimme zu gewöhnen.

Wenn sich Meerschweinchen aufrichten, suchen sie stets nach Halt für die Vorderfüße

Für einzeln gehaltene Meerschweinchen ist die Umgewöhnung am problematischsten, da sie nicht nur ihr bisheriges Zuhause, sondern auch noch ihre Artgenossen verloren haben. Wenn Sie sich mindestens zwei Schweinchen zugelegt haben, ist es für diese beiden wesentlich einfacher; die Schicksalsgenossen finden aneinander Halt, machen sich gleichsam gegenseitig Mut für die ersten Schritte ins Unbekannte – und sind vor allem nie allein.

Mehrere Tage, am besten etwa eine Woche lang, sollte der Meerschweinchenkäfig für alle Familienmitglieder tabu sein; lediglich zur Fütterung und zur Versorgung mit Trinkwasser ist der Zugang erlaubt, die erste Reini-

gung sollte erst nach dieser Eingewöhnungszeit erfolgen.

Das schließt aber keineswegs aus, daß manche Meerschweinchen schon frühen Kontaktversuchen gegenüber zugänglich sind. Je älter das Tier bei der Anschaffung ist, desto eher empfindet es das Hantieren im Käfig lediglich als Routine, während für ganz junge Meerschweinchen alles noch sehr ungewohnt ist. Sie ziehen sich nach jedem Imbiß wieder in ihr Häuschen zurück, und manchmal läßt sich stundenlang „kein Schwein blicken". Nach der Eingewöhnungsphase können Sie sich dem Käfig immer häufiger und unbefangener nähern und das Tier auch aus nächster Nähe beobachten.

Handzähmung

Der nächste Schritt ist das Gewöhnen an die Hand. Wie Sie das Tier richtig hochheben und aus dem Käfig nehmen, lesen Sie im folgenden Kapitel (Seite 66 f.) hier soll es erst einmal um den behutsamen Aufbau der Tier-Mensch-Beziehung gehen.

Wichtig: Für den Anfang kommt Ihnen eine eher passive Rolle zu, alles andere würde das Meerschweinchen als aufdringlich und unangenehm empfinden.

■■ *Meerschweinchenduos und -gruppen bewegen sich in weitläufigem Gelände – ob im Zimmer oder auf einer Wiese – im Gänsemarsch*

■■ Setzen Sie das Meerschweinchen für die Zeit der Käfigreinigung in den Ausweichkäfig. Danach nehmen Sie das (bzw. die) Tierchen zu sich auf den Schoß und bilden lediglich mit Ihren Armen einen „Zaun" darum herum. Streicheln Sie die Tiere aber jetzt noch nicht! Vorerst sollen sie sich nur an Ihren Geruch und an Ihre Stimme gewöhnen und merken, daß damit nichts Bedrohliches verbunden ist.

Selbst wenn sich die Meerschweinchen lediglich furchtsam in Ihre Armbeugen schmiegen und dort ruhig verharren, ist diese Phase doch sehr wichtig. Überängstliche Tiere werden eventuell Fluchtversuche unternehmen; daran müssen sie mit ruhiger (!) Hand gehindert werden. Es empfiehlt sich, ein Handtuch oder eine Decke über den Schoß zu legen, worunter der „Angsthase" Deckung und damit Geborgenheit finden kann.

Nach einer Viertelstunde setzen die Tiere in ihren frisch eingerichteten Käfig zurück, wo sie wahrscheinlich sofort im Häuschen verschwinden werden.

Natürlich kann auch ein Familienmitglied den Käfig säubern, während Sie erste Kontakte aufbauen; damit

Unser Tip

Ziehen Sie für die Gewöhnungsübungen unempfindliche Kleidung an, denn auch bei Meerschweinchen schlägt Aufregung auf die Blase!

würde praktischerweise der Umweg über den Ausweichkäfig entfallen.

Wichtig: Da Kinder erfahrungsgemäß gleich streicheln wollen, sollte ihr erster direkter Kontakt mit dem Schweinchen nur unter elterlicher Aufsicht stattfinden; allzu stürmische Annäherung macht Meerschweinchen nur noch ängstlicher.

▬ Verlängern Sie Ihre Sitzungen allmählich, und lassen Sie sie nach und nach täglich stattfinden. Eines Tages wird Ihr Meerschweinchen nach dem Zurücksetzen in seinen Käfig nicht mehr kopfüber im schützenden Häuschen verschwinden, sondern sitzen bleiben oder sich sogar nach Ihnen umdrehen; es hat Geschmack an der Sache gefunden! Sobald es sich auf

Ihrem Schoß etwas gelassener bewegt, können Sie vorsichtig aktiv werden. Streicheln Sie jedoch noch immer nicht, sondern legen Sie dem Tier erst einmal nur Ihre Hand auf den Rücken; erst wenn es dies duldet, können Sie mit sachtem Streicheln beginnen.

Auch hier gibt es ein sicheres Signal dafür, wann die Angst aufhört und der Genuß beginnt: Das Tier schließt die Augen halb oder ganz und fängt versonnen zu mümmeln an; später streckt es sich sogar bequem aus und gibt leise Muckerlaute von sich. Jetzt sind Sie endgültig als Kumpan akzeptiert, das Meerschweinchen gilt von nun an als handzahm.

Die beschriebene Methode erfordert natürlich vom Menschen Geduld und ein ruhiges Naturell, baut aber ein sehr viel engeres Verhältnis zwischen Tier und Mensch auf als die Zähmung durch Fütterung.

Fütterungszähmung

▬ Hier bieten Sie Grünfutter durch das Käfiggitter hindurch aus der Hand an. Anfangs wird das Meerschweinchen versuchen, Ihren Fingern die Möhre oder das Gurkenstückchen zu entreißen und sich damit zurückziehen. Halten Sie aber gut fest!

▬ Zeigt das Tier nach mehreren vorsichtigen Versuchen immer noch keine Anzeichen zu fressen, überlassen Sie ihm das Futter, und machen Sie später einen neuen Versuch.

▬ Sobald Ihnen das Meerschweinchen problemlos Futter aus der Hand nimmt, ist die sogenannte Gitterzahmheit erreicht, und Sie können vorsichtig probieren, es durch das Gitter hindurch zu berühren, während es frißt. Dies gelingt meistens erst nach vielen Anläufen.

▬ In den nächsten Phasen bieten Sie das Futter aus der Hand zunächst im Käfiginneren (also bei geöffneter Käfigtür oder -klappe) und dann auch auf Ihrem Schoß an.

▬ Verfahren Sie dann, wie bei der futterlosen Methode beschrieben, um schließlich ebenfalls den Grad der Handzahmheit zu erreichen.

Die Zähmungsmethode mit Handfütterung funktioniert gemeinhin etwas schneller als die zuerst beschriebene, da das Futter dem Tier einen wesentlichen Anreiz dafür bietet, mit Ihnen in Kontakt zu treten; ungeduldige Personen und besonders Kinder werden sie sicherlich bevorzugen. Aber sie hat auch einen Nachteil: Sie baut beim Meerschweinchen leicht ein Verhältnis nach der „Kosten-Nutzen-Rechnung" auf. Das heißt: Es duldet Ihre Annäherung, weil es dafür belohnt wird. Macht man dann den Fehler, jedes Streicheln mit Futter zu „bezahlen", hat man am Ende häufig ein rein materiell eingestelltes Meerschwein; bekommt es nicht gleich seinen Lohn, wird es ungeduldig, erhält es „Vorkasse", entzieht es sich unter Umständen danach der Hand.

▬ *Das Gitter als Grenze: Kontaktmöglichkeit für noch scheue „Schweinchen"*

Wichtig: Die Zähmung ohne Futtergaben baut ein „herzlicheres" Verhältnis auf, das auf Geborgenheit und Geselligkeit basiert; statt als Ernährer betrachtet Ihr Schweinchen Sie als Kumpan – und wird Ihnen auch früher oder später aus der Hand fressen.

Hochnehmen und Tragen

Meerschweinchen sind leider etwas „unhandlich": Ihr kompakter Körperbau läßt keine praktischen Handgriffe zu, außerdem können sie sich schlecht selbst festhalten, so daß bei ungeschickter Handhabung Stürze,

■ *So hebt man Meerschweinchen richtig hoch!*

möglicherweise mit schweren Folgen, nicht ausgeschlossen sind.

Prinzipiell gibt es zwei Methoden, ein Meerschweinchen hochzuheben.

■ Sie können es mit beiden Händen um den Bauch fassen, um es kurzfristig aufzunehmen. Länger getragen zu werden, mag das Meerschweinchen nicht, da es keinen Halt für die Hinterfüße hat und ihm außerdem der Bauch abgedrückt wird. Sobald es zu strampeln beginnt, müssen Sie es unverzüglich absetzen! Trächtige Weibchen dürfen mit diesem Griff auf gar keinen Fall hochgehoben werden, auch nicht kurzfristig!

■ Ideal ist folgende Methode: Sie fahren mit einer Hand hinter den Vorderbeinen unter den Bauch des Meerschweinchens und gleichzeitig mit der anderen Hand von hinten unter das Hinterteil und heben das Tier so an. Jetzt ist das Gewicht gleichmäßig verteilt, und in dieser Haltung kann man das Tier auch einige Meter weit tragen. Zur zusätzlichen Sicherung stützen Sie es an Ihrem Körper ab.

Wichtig: Kinder greifen spontan und ungeschickt zu, wenn sie ein Tier fassen wollen. Deshalb muß man ihnen rechtzeitig das korrekte Tragen beibringen, damit sie ihrem „Streicheltier" nicht ungewollt weh tun.

Mit einer selbstgebastelten „Crash-Test-Puppe" kann die ganze Familie den richtigen Tragegriff üben. Dazu füllen Sie eine große Socke mit etwa 1 kg ungekochtem Reis oder ungekochten Graupen (entspricht dem Gewicht eines kräftigen, ausgewachsenen Meerschweinchens) und binden sie fest zu. Mit einem Bindfaden schnüren Sie annähernd naturgetreue Proportionen ab (z.B. einen „Hals"). Vor allem Kinder lernen so die richtige Handhabung. Ein Plüschtier ist dafür zu leicht und zu steif.

Falls Ihnen der Vorschlag albern vorkommen sollte, bitte ich zu bedenken: Erstens üben werdende Mütter das richtige Tragen ihres Babys auch häufig an Puppen, und zweitens ersparen Sie dem Meerschweinchen auf diese Weise unangenehme Anfängergriffe oder sogar einen schweren Sturz durch ungeschickte Handhabung. Getragen zu werden ist für ein Meerschweinchen völlig unnatürlich; damit es Ihnen diese Behandlung nicht übelnimmt, sollte sie für das Tier so angenehm wie möglich sein!

C h e c k l i s t e	Notwendige Pflegearbeiten
◆ täglich	- Säubern der Klo-Ecke im Käfig - Heraussammeln von Grünfutterresten - Erneuern des Trinkwassers - Anbieten von frischem Grünfutter
◆ zweimal wöchentlich	- Erneuern der Käfigstreu (an warmen Sommertagen oder bei starkem Käfigbesatz auch häufiger)
◆ einmal monatlich	- Generalreinigung des gesamten Käfigs und Zubehörs (keine scharfen Haushaltsreiniger verwenden!) - Krallen und Nagezähne auf Überlänge prüfen und gegebenenfalls kürzen bzw. vom Tierarzt oder einem erfahrenen Zoohändler kürzen lassen
◆ nach Bedarf	- Auffüllen von Grundfutter und Heu (je nach Verbrauch) - Reinigung der Tränkflasche (bei Verschmutzung bzw. Veralgung) - Gesundheitscheck (je häufiger, desto besser)

Fellpflege

Kurzhaarige Meerschweinchen striegelt man regelmäßig mit einer Bürste aus Naturborsten, um abgestorbene Haare auszukämmen.
Langhaarrassen zeichnen sich dadurch aus, daß kein Fellwechsel stattfindet, so daß die Haare ständig weiterwachsen. Bei ihnen ist besonders darauf zu achten, daß das Fell nicht verfilzt; mit einem grobzinkigen Kamm wird vorgearbeitet, bevor die Bürste zum Einsatz kommt.

Wichtig: Filzknoten dürfen Sie auf gar keinen Fall mit Gewalt auskämmen, dies bereitet dem Meerschweinchen große Schmerzen! Vielmehr sollten Sie sie vorsichtig mit einer Schere herausschneiden.

Und nun noch ein Hinweis, der wohl manchen auf Aufstellungserfolge bedachten Züchter von Rassenmeerschweinchen erbleichen läßt: Das Fell langhaariger Meerschweinchen sollte den Tieren zuliebe regelmäßig gekürzt werden! Haare bis zum Boden sind für das Meerschweinchen noch erträglich, bilden sie aber eine am Boden aufliegende Schleppe, stören sie das Tier erheblich. So kann es sich kaum noch mit dem Hinterfuß

Das Fell wird von Einstreuresten befreit …

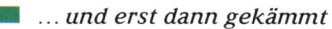
… und erst dann gekämmt

kratzen, weil zuviel Fell es daran hindert; es fegt bei jedem Schritt die Käfigstreu zusammen, und in den überlangen Haaren verfangen sich Exkremente und Grünfutterreste. Züchter, die ihre Ausstellungssiege nicht gefährden wollen, halten ihre Tiere einzeln (damit Artgenossen nicht an den überlangen Haaren knabbern können) auf Lattenrosten und mit aufgewickelten Haarsträhnen; darüber, welch armseliges Leben derartige Schauobjekte führen müssen, machen sich ihre eitlen Besitzer wenig Gedanken. Welches Tier sich hinter dem „lebenden Flokatiteppich" auf dem Preisrichtertisch verbirgt, ist kaum noch zu erkennen; es ist wirklich ein „armes Schwein". Menschen, die derart monströse Auswüchse als ideales Zuchtziel propagieren, sollten ihr schöpferischen Anwandlungen lieber an einer Frisierpuppe als an einem lebenden Tier auslassen.

Langhaarmeerschweinchen sind so lange keine „Qualzuchten", wie ihr ständiges Haarwachstum regelmäßig eigedämmt wird. Schneiden Sie um das sitzende Tier herum das Fell derart, daß gerade noch die Haarspitzen den Boden berühren, und schaffen Sie vor allem am Hinterteil „freie Bahn" für die Exkremente. Ihr Meerschweinchen wird es Ihnen danken! *Baden* ist übrigens für Meerschwein-

chen tabu, sie können sich durch die völlige Durchnässung sehr schnell eine Lungenentzündung zuziehen.

Der richtige Umgang mit dem Meerschweinchen

Meerschweinchen beschäftigen

Das Vorurteil vom stumpfsinnigen Meerschweinchen kommt offenbar von Menschen, die ihre Tiere falsch behandelt haben: Hält man nämlich sein Meerschweinchen einzeln, ernährt es einseitig und gönnt ihm zuwenig Bewegung, dann ist es kein Wunder, wenn es sich schließlich zu einer langweiligen Speckwalze entwickelt; dafür ist der Halter zu tadeln und das Tier zu bedauern. Richtig gehaltene Meerschweinchen erfreuen uns mit munterem Wesen und interessanten Verhaltensweisen.

Die Ansprüche hinsichtlich des „Freizeitangebotes" lassen sich leicht erfüllen: Beschäftigung durch

◆ ständigen Umgang mit Artgenossen
◆ Kontakte zum Pfleger
◆ abwechslungsreiche Ernährung mit vielen kleinen statt wenige große Mahlzeiten
◆ Bewegungsmöglichkeiten
◆ Förderung des Neugierverhaltens

Unser Tip

Hängt einmal wirklich hartnäckiger Schmutz am Fell, versuchen Sie , diesen mit einem angefeuchteten Fensterleder vorsichtig herauszureiben.

Da die meisten der eben genannten Aspekte in vorangegangenen Kapiteln bereits behandelt wurden, bleibt also hier nur noch das Thema Beschäftigung außerhalb des Käfigs zu erörtern.

Meerschweinchen spielen nicht so wie Hunde, Katzen oder auch Ratten; sie balgen sich nicht untereinander und interessieren sich kaum für bewegliche Gegenstände. Allerdings vollführen sie – einzeln oder zu mehreren – Laufspiele mit Bocksprüngen und plötzlichen Kehrtwendungen, die den gesamten Bewegungsapparat ausgiebig trainieren. Der Fußboden schon eines kleineren Zimmers bietet ihnen diese Möglichkeit.

Durchlöcherte Kartons regen zum Untersuchen an

Wichtig: Meerschweinchen sind von Natur aus schreckhafte Tiere, und selbst noch als langjährige, handzahme Hausgenossen können sie auf ein plötzliches und ungewohntes Geräusch mit Panik reagieren und die Flucht ergreifen. Daher sind Unter- und Durchschlupfmöglichkeiten für die Tiere unerläßlich.

Macht neugierig:
der Abenteuerspielplatz
Um ihr Neugierverhalten zu fördern, kann man den Meerschweinchen mit einfachen Mitteln auf dem Zimmerboden regelrechte Abenteuerspielplätze und Hindernisbahnen bauen. Kartons mit Schlupflöchern, große Pappröhren oder Röhren aus Korkrinde, Hürden aus Holz usw. – der Phantasie sind kaum Grenzen gesetzt. Ein paar geschickt versteckte Leckerbissen – ein Stückchen Apfel, ein paar Cornflakes, ein Blatt Löwenzahn – spornen die Tiere zu ausgiebigem Stöbern an, und wenn ein geduldiger „Trainer" und ein lernwilliges Meerschweinchen zusammenkommen, lassen sich sogar kleine Kunststückchen wie ein Hürdensprung einstudieren. Doch dürfen dabei die Nager hinsichtlich ihrer körperlichen Fähigkeiten nie überfordert werden; darauf müssen Sie vor allem Kinder ausdrücklich hinweisen.

Wichtig: Meerschweinchen sind ans Laufen und weitaus weniger gut ans Klettern und Springen angepaßt!

Meerschweinchen sind kein Kinderspielzeug

Erklären Sie Ihren Kindern, daß Meerschweine weder lebendige Plüschtiere noch Puppenersatz sind! Zwar schadet es ihnen nicht, im Puppenwagen spazierengefahren zu werden, aber wenn sie auch für kindliche Rollenspiele herhalten sollen, kann ihnen das schnell zur Qual werden. Leider wehren sich Meerschweinchen kaum gegen zu grobe Behandlung, deshalb müssen Sie als Eltern Ihren Kindern die Grenzen zeigen und ihnen klarmachen, daß ein Tier nicht „zwangsbespielt" werden darf, auch nicht unter dem Gesichtspunkt, es zu beschäftigen.

Checkliste	*Sicherheitsvorkehrungen für den Auslauf im Zimmer*

◆ *Sichern Sie freiliegende Kabel gegen Kabelfraß*

◆ *Entfernen Sie giftige Zimmerpflanzen (siehe Tabelle Seite 91), oder stellen Sie diese erhöht auf, damit sie auch von männchenmachenden Meerschweinchen nicht erreicht werden*

◆ *Entfernen Sie eventuell andere Heimtiere, die den Meerschweinchen gefährlich werden könnten (Hund, Katze usw.)*

◆ *Bewegen Sie sich innerhalb des Raumes vorsichtig, um die Tiere nicht versehentlich zu treten, und achten Sie darauf, sie auch beim Öffnen und Schließen der Tür nicht zu verletzen*

◆ *Sorgen Sie für Versteckmöglichkeiten, die sowohl für die Tiere als auch für Sie selbst leicht zugänglich sind*

◆ *Lassen Sie keine Zigarettenkippen in Aschenbechern auf dem Fußboden stehen*

◆ *Halten Sie den Tieren auf dem Fußboden eine Wanne mit Einstreu bereit, falls sie nicht von selbst in ihren höher gelegenen Käfig gelangen können*

◆ *Sorgen Sie dafür, daß Kinder nicht hinter den Meerschweinchen herjagen*

Gestreichelt werden – ein Genuß

Stundenlang auf dem Schoß gestreichelt zu werden, lieben viele Meerschweinchen; sie strecken sich dann lang aus und schließen wohlig die Augen. Wird das Tier aber unruhig oder versucht es, mit heftigen Kopfbewegungen Ihre Hand fortzustoßen, setzen Sie es zurück in den Käfig; es hat nun genug und möchte wieder eigenen Tätigkeiten nachgehen.

Vorsicht beim Freilauf

Wenn Sie Ihrem Meerschweinchen in einem Raum Freilauf gewähren, so müssen Sie vorher Gefahrenquellen beseitigen und während des Auslaufs äußerste Vorsicht walten lassen. Welche Vorkehrungen Sie treffen und woran Sie denken müssen, sagt Ihnen die Checkliste links.

Und noch eine Bemerkung zum Thema Freilauf: Meerschweinchen werden äußerst selten völlig stubenrein. Zwar lernen viele, ihre kleinen Geschäfte im geöffneten Käfig oder in einer bereitgestellten Schale (z.B. einer Katzentoilette ohne Dach) mit Einstreu zu verrichten, doch lassen sie ihre Kotböhnchen im allgemeinen dort fallen, wo sie gerade stehen oder sitzen. Aufregung schlägt dem Meerschweinchen auf die Blase;

wenn es erschrickt oder auch voller Eifer einen neuen Gegenstand untersucht, kann schon einmal ein Pfützchen entstehen. Die Hinterlassenschaften lassen sich jedoch leicht entfernen und beleidigen in dieser „Streuung" auch die Nase nicht.

■ *Diese Neugier kann tödlich enden!*

Wenn das Meer-
schweinchen krank ist, …

Machen Sie regelmäßig einen Ge-
sundheitscheck (siehe Seite 77) bei
Ihren Meerschweinchen. Zeigen sich
entsprechende Symptome, sollten Sie
einen Tierarzt aufsuchen. Da Meerschweinchen nicht nur weitverbreitete und altbekannte Heimtiere sind,
sondern auch zu den meistgehaltenen
Labortieren zählen, ist über ihre
Krankheiten viel bekannt, und die
Heilungsaussichten sind in der Regel
gut bis sehr gut. Außerdem besitzen
die meisten Tierärzte reichlich Erfahrung im Umgang mit diesen Nagern.
Eine Auflistung möglicher Krankheiten werden Sie in diesem Buch
nicht finden. Das soll nicht heißen,
daß Meerschweinchen nie krank werden, doch ich möchte Eigendiagnosen
entgegenwirken und vermeiden, daß
zu Hausmitteln gegriffen wird, wo-
durch sich die Erkrankung des Tieres
unter Umständen nur verschlimmert.
Eine lange Auflistung von Krankheiten könnte außerdem zu der falschen Annahme führen, ich sei selbst
Tiermediziner und wüßte für alle auf-
tretenden Probleme eine Lösung. Tatsächlich bin ich aber weder Tierarzt
noch allwissend und erst recht nicht
in der Lage, auf telefonische und

*Regelmäßige Gebißkontrolle ist
Pflicht: Länger als bei diesem Tier
dürfen die Nagezähne nicht sein,
sonst ist eine Korrektur notwendig
Krallenschneiden klappt am besten zu
zweit und mit einer Spezialschere (im
Zoofachhandel erhältlich)
Saubere Ohren, glänzende Augen,
trockene Nase: So sieht ein gesundes
Meerschweinchen aus*

briefliche Anfragen hin Ferndiagno-
sen zu stellen! Dies muß ich erwäh-
nen, weil ich leider immer wieder mit
Fällen konfrontiert werde, in denen
ein sofortiger Gang zum Tierarzt rich-
tiger gewesen wäre als der Umweg
über die Ratsuche beim Buchautor.
◼ **Überlange Zähne und Krallen**
können zu schweren Beeinträch-
tigungen führen; erstere be- oder
verhindern normale Nahrungsaufnahme und -verarbeitung, letztere

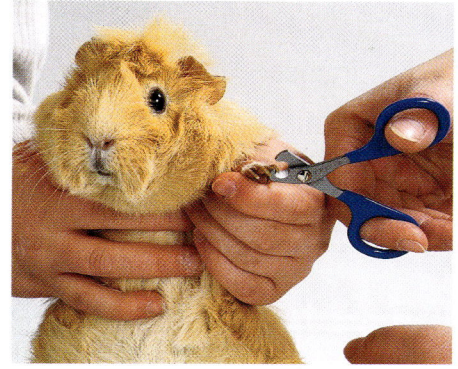

rufen nicht nur Beschwerden beim Laufen hervor, sondern auch Zehenfehlstellungen! Das Kürzen der Krallen besorgt der Tierarzt oder Zoohändler für Sie. Sie können es dort auch selbst erlernen. Zahnkürzungen dagegen sind ausschließlich Sache des Tierarztes!

■■■ **Vergreisende Meerschweinchen** sind meistens daran zu erkennen, daß ihre Bewegungen langsamer und steifbeiniger werden, das Fell einen „stumpfen" Eindruck macht, der Körper etwas abmagert und die Augen sich eventuell bis zur Altersblindheit eintrüben.

■■■ **Verfettete Meerschweinchen** zeigen eine übermäßig ausgebildete Kehlwanne, hinter der – von vorn betrachtet – kaum noch die Vorderfüße zu erkennen sind. Unbedingt auf Diät setzen!

Wie alt wird ein Meerschweinchen?

Ich versuche das Wort „Lebenserwartung" weitgehend zu vermeiden, da es zu so mancher Fehleinschätzung Anlaß gibt. Ein Heimtier ist kein Bausparvertrag, bei dessen Abschluß Sie eine festgelegte Laufzeit einkalkulieren können!

Wichtig: Wie alt ein Lebewesen wird, hängt von seinen Lebensumständen (Streß?), seiner Ernährung, seinem Erbgut und vielen anderen Faktoren ab und läßt sich nicht nach der Formel „glückliches Leben + gute Ernährung = Rekordalter" exakt vorhersagen.

Sie sollten also nicht erwarten, daß gerade Ihr Meerschweinchen ein Methusalem wird; zu schnell würden Sie sich ungerechtfertigte Vorwürfe machen, wenn das Tier vorzeitig sterben sollte, ohne daß ein Haltungsfehler vorliegt. Erbfehler z. B. sind Meerschweinchen äußerlich nicht anzusehen, können aber ihr Leben drastisch verkürzen.

Aus diesem Grund möchte ich auch nicht die weitverbreitete Angabe unkommentiert stehen lassen: „Meerschweinchen können acht bis zehn Jahre alt werden". Die Betonung liegt hier auf können, die Regel ist dies nämlich nicht.

Orientieren Sie sich bitte nicht am – selten vorkommenden – Altersrekord, sondern lieber an der durchschnittlichen Lebensdauer, und freuen Sie sich über jeden Tag, um den Ihr Haustier diese überschreitet. Fälle, in denen ein Tier vielleicht schon nach zwei Jahren den Weg alles Irdischen ging, werden natürlich gern ver-

schwiegen – weil der Halter Fehler gemacht hat oder zumindest glaubt, welche gemacht zu haben. Wenn ein Meerschweinchen keine gravierenden Erbfehler besitzt, seinen Ansprüchen entsprechend untergebracht, ernährt und beschäftigt wird und nicht mit schweren Krankheiten kämpfen muß, wird es Ihr Leben im Schnitt etwa fünf Jahre lang begleiten – Verlängerung nicht ausgeschlossen, siehe oben.

Wichtig: Entscheidend ist nicht, wie lange das Leben Ihres kleinen Nagers währt, sondern wie intensiv er es erleben darf! Dies gilt genauso für Sie als Tierhalter: Erleben Sie Ihre(n) Hausgenossen intensiv, genießen Sie das Zusammenleben; wenn eines Tages die biologische Uhr abgelaufen ist, sollten Sie sagen können „es war schön" – und nicht „das war's schon?"

Checkliste *Gesundheit*

Gesunde Meerschwein-chen erkennen Sie an:	Kranke Meerschwein-chen erkennen Sie an:	Greisenhafte Meer-schweinchen erkennen Sie an:
◆ *rundlichen Propor-tionen*	◆*Abmagerung (einge-fallene Flanken)*	◆ *Abmagerung (einge-fallene Flanken)*
◆ *klaren, glänzenden Augen ohne Ausfluß*	◆*trüben, oft nicht völ-lig geöffneten Augen, evtl. mit Ausfluß oder Rötungen*	◆ *weißlichen Augen (Blindheit)*
◆ *sauberer Nase*	◆*Nasenausfluß, Niesen, Schniefen oder Keuchen*	
◆ *sauberem Fell oder Kahlstellen; Achtung: Die haar-losen Stellen hinter den Ohren sind normal!*	◆*kahlen und/oder schor-figen Hautpartien; bei Hautparasitenbefall neben kahlen Stellen auch auffällig häu-figem Kratzen und Beknabbern*	◆ *„stumpfem Fell"*
	◆*kotverschmutzter After-umgebung (Durchfall)*	
	◆*ständigem Speichel-fluß aus den Mund-winkeln (durch überlange Zähne)*	
◆ *sicheren und flinken Bewegungen*	◆*unbeholfenen, sta-keligen bis taumeln-den Bewegungen*	◆ *steifen Beinen und mühsamen Bewegungen*
	◆*apathischem Verhalten*	
◆ *schnellen Reaktionen*	◆*langsamen, kraftlosen Reaktionen*	

Tips für die Urlaubszeit

Meerschweinchen mit auf die Reise zu nehmen ist wohl in den seltensten Fällen möglich – und selbst dann noch gut zu überlegen; immerhin muß außer dem nicht gerade kleinen Käfig eine Menge Zubehör untergebracht werden. Erwähnt sei noch, daß Meerschweinchen etwa bei einer sommerlichen Autofahrt sehr unter Hitzestau oder Zugluft leiden können.

....

Unser Tip

Stellen sich dem Pfleger Ihres Meerschweinchens während Ihrer Abwesenheit Fragen, kann ein hinterlegter Ratgeber wie der vorliegende hilfreich sein – packen Sie ihn also mit in das Zubehörsortiment!

Besser ist es daher, sie zur Urlaubspflege in gute Hände zu geben. Da Meerschweinchen als unproblematische Pfleglinge bekannt sind und zudem einen Sympathiebonus haben, finden sich in der Regel schnell Nachbarn oder Bekannte, die für drei Wochen den „Schweine-Sitter" spielen; ein kurzes Praktikum für Unerfahrene sollten Sie aber vorher abhalten; ganz wichtig: das richtige Hochheben üben!

Sollten Sie keine geeignete Pflegestelle finden, können Sie in Ihrer Zoohandlung fragen; viele Zoohändler nehmen gegen eine geringe Gebühr Kleintiere in Pflege.

Achtung: Melden Sie sich dafür frühzeitig an – die freien Pflegeplätze sind meistens knapp!

Auch Tierheime kommen als „Schweine-Pension" in Frage.

Die Meerschweinchenfamilie

Was vorab zu klären ist

Es ist zwar sehr unterhaltsam, junge Meerschweinchen aufwachsen zu sehen, aber Sie müssen sich auch über die Begleiterscheinungen im klaren sein:

◆ Sie brauchen zusätzlich Zeit, weil natürlich mehr Arbeit anfällt – der Käfig muß häufiger gereinigt werden.

◆ Es kostet Sie Geld, weil der Futterverbrauch erheblich ansteigt.

◆ Und denken Sie auch daran, daß es Ihnen schwerfallen wird, sich schließlich von den „Ferkeln", die Ihnen bestimmt ans Herz gewachsen sind, zu trennen.

Wenn Ihnen und Ihrer Familie dies alles nicht zuviel ist, dann sollten Sie es sich wenigstens einmal gönnen, das Leben einer Meerschweinchenfamilie zu beobachten.

Aber: Stellen Sie unbedingt vorher sicher, daß Sie Abnehmer für die Jungen finden, sei es im Freundeskreis oder in Ihrer Zoohandlung. Sonst bleiben Sie womöglich auf Ihrer Nachzucht sitzen und müssen die geschlechtsreif werdenden Jungtiere noch nach Geschlechtern getrennt weiterpflegen, damit daraus nicht noch „mehr Schweinchen" werden!

Zucht oder Vermehrung?

Zucht im eigentlichen Sinne bedeutet, ausgesuchte Tiere im Hinblick auf ein rassentypisches Erscheinungsbild und Wesen zielsicher oder auch experimentell zu verpaaren und durch sorgfältige Auslese ein Ideal, das

Mehr Schweinchen: Jungtiere sind an Niedlichkeit kaum zu überbieten

▬▬ *Rassezucht bedeutet vor allem Aufwand und Auslese!*
(Schopfmeerschweinchen)

sogenannte Zuchtziel, zu verwirklichen. Wer sein Meerschweinchenpaar hin und wieder einfach nur Junge bekommen läßt, ist noch lange kein Züchter, sondern lediglich ein „Vermehrer", der nicht eine ideale

Unser Tip

Bei ungewolltem Nachwuchs (z. B. wenn Sie unwissentlich ein trächtiges Weibchen erworben haben) können Sie den passenden Zeitpunkt natürlich nicht bestimmen, „Wunschkinder" aber sollten Sie jahreszeitlich geschickt einplanen; im Sommer z. B. ist wegen der Urlaubszeit die Chance für eine Abgabe wesentlich geringer als etwa im Herbst oder im Frühjahr.

Körperform, Haarlänge oder ähnliches bei seiner Nachzucht anstrebt.

Wichtig: Ungezielte Vermehrung ist an sich nichts Negatives, solange sie nicht auf Kosten der Tiere geht, also z. B. nicht in überbesetzten Käfigen in irgendwelchen Schuppen stattfindet.

Züchter von Rassetieren (nicht nur von Rassemeerschweinchen) rümpfen über Vermehrer gern die Nase. Dabei sind rasselose Meerschweinchen, genauso wie andere rasselose Tiere, keinesfalls minderwertig – eine gesunde Promenadenmischung ist einem auffälligen Zuchtprodukt durchaus vorzuziehen.
Zucht im eigentlichen Sinne bedeutet in jedem Fall Auslese; nicht jedes

Jungtier, das geboren wird, kann dem elitären Ideal entsprechen. Folglich „produzieren" Züchter einen erheblichen „Überschuß", der auch irgendwo – und zwar in guten Händen – untergebracht werden muß. Auch dies haben Sie zu bedenken, wenn Sie eine Rassemeerschweinchenzucht begründen wollen.

Da es den Rahmen dieses Buches sprengen würde, detailliert auf das Thema Rassenzucht (Rassen, Farbschläge und deren Vererbung) einzugehen, verweise ich für genauere Informationen auf weiterführende Literatur. Unterstreichen möchte ich unbedingt noch, daß ich keineswegs Gegner der Rassezucht als solcher bin, wie mancher Leser vielleicht meinen möchte. Meine Kritik zielt lediglich auf solche Züchter ab, für die das Rassetier zum Prestigeobjekt und „Zuchtmaterial" geworden ist.

Leider wird Rassezucht häufig mit ausgesprochen sportlichem Ehrgeiz betrieben, wobei durch Standards vorgeschrieben wird, wann ein Tier als „schön" zu bezeichnen ist; Natur und Wesen des Einzeltieres treten dabei oft in den Hintergrund.

Wichtig: Hüten Sie sich vor Züchtern, für die ein Meerschweinchen wegen eines einzigen weißen Fleckes an der falschen Stelle nichts mehr wert ist, obwohl es vielleicht gerade durch sein zutrauliches Wesen besticht und damit ein ideales Heimtier abgibt! Züchter hingegen, die bei allem Streben nach Zuchterfolg auch den Zugang zum Wesen des Tieres nicht verloren haben, sind oft daran zu erkennen, daß sie neben ihren Ausstellungstieren auch die eine oder andere liebgewonnene „Fehlfarbe" pflegen.

Paarung und Trächtigkeit

Da die Auswahl der Elterntiere zumeist sehr subjektiven Gesichtspunkten folgt, will ich hier nicht näher darauf eingehen. Wichtiger ist es, kurz die Fortpflanzung von Meerschweinchen unter natürlichen Bedingungen zu erläutern, um einige weitere Ausführungen besser verständlich zu machen.

Die Fortpflanzung des Wildtieres

Weibliche Meerschweinchen werden nicht nur sehr früh geschlechtsreif (oft schon in der fünften Lebenswoche!), sondern sind von Natur aus darauf eingerichtet, praktisch ihr ganzes Leben lang ununterbrochen trächtig zu sein: Sie werden nämlich in der Regel sofort nach dem Werfen wieder gedeckt. Da Wildmeerschweinchen viele Feinde haben, müssen sie Verluste durch ein hohes Fortpflanzungspotential ausgleichen. Auch bei der Haltung von Hausmeerschweinchen als Nutztiere – wie in ihrem Ursprungsland üblich – achtet angesichts der nahezu halbwilden Haltung niemand darauf, junge Weibchen bis zu einem bestimmten Alter von den Männchen fernzuhalten, damit sie nicht zu früh Junge bekommen. Auch kümmert sich niemand darum, daß die Weibchen nicht zu oft werfen, und doch gibt es dort noch immer gesunde Meerschweinchen. In Abhandlungen über Meerschweinchen findet sich immer wieder die Mahnung, Weibchen nicht zu früh und nicht zu oft decken zu lassen, obwohl die Tiere doch offensichtlich von Natur aus darauf eingerichtet sind. Da die Begründung dafür stets fehlt, soll sie hier geliefert werden:

Bei wilder oder halbwilder Lebensweise fallen viele Meerschweinchen der strengen natürlichen Auslese zum Opfer. Jugendliche Weibchen können bei einer schweren Geburt sterben, andere bringen nicht lebensfähige Junge zur Welt, und erst beim zweiten oder gar dritten Wurf wachsen gesunde Jungtiere auf. Feinde, Krankheiten und Unfälle sorgen dafür, daß selten mehr als ein oder zwei Junge pro Wurf überleben, die das Muttertier verständlicherweise weniger strapazieren als etwa ein Fünferwurf.

Die Fortpflanzung des Heimtieres

Bei unseren Wohnzimmer-Meerschweinchen sieht die Sache anders aus. Kein Meerschweinchenliebhaber möchte das Leben seines jungen Weibchens durch eine frühe Geburt unnötig gefährden oder Nachwuchs ziehen, der nicht lebensfähig ist. Daher ist es sinnvoll, Weibchen bis zu einem Alter von etwa sechs Monaten noch nicht decken zu lassen. Jungtierverluste sind bei Liebhaber-Meerschweinchen selten, weswegen – vom biologischen Standpunkt aus gesehen – häufig „zu viele" Jungtiere heranwachsen und während ihrer Aufzucht das Muttertier arg belasten können. Immerhin haben Meerschweinchen nur zwei Milchzitzen, und im Käfig finden sie keine Gelegenheit, sich den ewig fordernden Jungtieren zeitweise zu entziehen. Oft sind die überstrapazierten Zitzen bald so empfindlich, daß das Muttertier nur noch „auf Zehenspitzen" gehen kann, um die Bemühung mit dem Boden zu vermeiden. Ich habe mir deshalb angewöhnt, den ganzen Wurf täglich mindestens einmal für eine halbe Stunde aus dem Käfig zu nehmen.

Das Muttertier sucht dann nur kurz nach den Kleinen, nutzt aber in der Regel sehr schnell die Gelegenheit, sich für diese Zeit entspannt hinzulegen und sich auszuruhen – die Erleichterung ist offensichtlich, und manchmal habe ich den Eindruck, daß die gestreßte Mutter bei der Rückkehr der Jungtiere gar keine rechte Wiedersehensfreude zeigt … Kein Wunder also, daß häufige Würfe für ein Zimmermeerschweinchen

eine Belastung darstellen. Wenn es schon nicht bei einem einmaligen Wurf bleiben soll, so sollten Sie Ihr(e) Weibchen nicht mehr als zwei Würfe pro Jahr bekommen lassen. Immerhin läßt sich beim Decken nicht voraussehen ob am Ende ein „handlicher" Zwillingswurf oder „stressige" Sechslinge herauskommen!

Männliche Meerschweinchen erlangen später ihre Geschlechtsreife als Weibchen, nämlich mit acht bis zwölf Wochen. Da ihr Beitrag zum Fortpflanzungsgeschehen nicht an die körperliche Substanz geht, gibt es keinen biologischen Grund, sie erst viel später zum Decken einzusetzen. Da jedoch ein halbjähriges und damit voll ausgewachsenes Weibchen ein nur halb so altes und viel kleineres Männchen oft nicht akzeptiert, bietet sich die Verpaarung mit einem mindestens gleichaltrigen Männchen an.

Werbung und Deckakt

Das Werbeverhalten des Männchens (Züchter nennen es „Bock") ist sehr auffällig: Mit tuckernden Lauten stelzt es hochbeinig um seine Auserwählte herum, präsentiert seine Breitseite und wiegt sich in den Hüften – alles wohlgemerkt „in Zeitlupe". Es parfümiert die Dame seines Herzens mit Urin, schmiegt sich an sie – und legt plötzlich, sie verfolgend und nach dem Aufreiten trachtend, unerwartete Eile an den Tag. Ist das Weibchen noch nicht paarungsbereit (weibliche Meerschweinchen sind alle zwei bis zweieinhalb Wochen etwa einen Tag lang empfängnisbereit), flüchtet es vor dem Männchen und wehrt allzu große Aufdringlichkeit mit einem gezielten Schuß Urin in das Gesicht seines Verfolgers ab. Ist es hingegen willig, bleibt es stehen und hebt das Hinterteil an, woraufhin das Männchen sofort aufreitet und deckt.

Sowohl bei der Verfolgung als auch beim Deckakt geben die Weibchen meistens hohe Quiektöne von sich, die sich mit dem knatternden Werbe"gesang" des Männchens zu einer typischen Lautkulisse vermengen. Der Deckakt erfolgt mehrmals hintereinander, danach leckt sich das Weibchen jedesmal, das Männchen ab und zu die Genitalien sauber. Weibchen sind unmittelbar nach dem Werfen wieder empfängnisbereit; für die Familienplanung ist es also wichtig, das Männchen spätestens kurz vor der Geburt zu entfernen.

Trächtigkeit

Die Trächtigkeit ist speziell bei großen Würfen mit einem erhebli-

Hochträchtiges Weibchen

chen Anwachsen des Körperumfanges der werdenden Mutter verbunden. Sie kann kurz vor dem Werfen fast so breit wie lang sein und hat dann sichtlich Mühe beim Laufen. Noch bevor äußerlich etwas zu erkennen ist, läßt sich die Trächtigkeit mit etwas Erfahrung ertasten. Die Tragezeit dauert zwischen neun und zehn Wochen.

Unser Tip

Wenn Sie sich in der Handhabung eines trächtigen Tieres unsicher fühlen, lassen Sie es im Käfig auf ein Handtuch laufen, und heben Sie es damit wie in einer Hängematte heraus, oder verwenden Sie zum gleichen Zweck eine flache Schale.

■■■ *Der große Augenblick: Die Babys erblicken das Licht der Welt*

Wichtig: Vor allem in der zweiten Hälfte der Tragezeit darf das Weibchen nur sehr vorsichtig angehoben werden, damit man die ungeborenen Jungen nicht verletzt.

Hochträchtige Weibchen haben einen erhöhten Bedarf an Grünfutter (Vitamine!) und Wasser; Grundfutter und Heu sollten ja ohnehin ständig zur Verfügung stehen. Zudem scheinen sie besonders unter sommerlicher Hitze zu leiden.

Geburt und Aufzucht der Jungen

Geburt

Die Geburt findet häufig in den frühen Morgenstunden statt; Sie werden selten das Glück haben, Augenzeuge zu sein, da das Weibchen den Zeitpunkt ein wenig hinauszögern kann, wenn es sich beobachtet oder sonstwie gestört fühlt.

Bei der Geburt sitzt das Weibchen und leckt sich immer wieder die Genitalien; auch jedes Neugeborene wird umgehend sauber- und trockengeleckt – übrigens eine wichtige Phase des Aufbaues der Mutter-Kind-Bindung. Die Nachgeburt wird vom Muttertier verzehrt, womit nicht nur ein eventueller Köder für Raubtiere vernichtet wird (darin liegt die biologische Wurzel), sondern die darin enthaltenen Hormone regen auch die Milchbildung an. Dies ist übrigens die einzige Situation, in welcher der reine Vegetarier Meerschweinchen fleischliche Nahrung zu sich nimmt. Totgeborene oder nach der Geburt gestorbene Jungtiere werden vom Weibchen normalerweise nicht an- oder gar aufgefressen, wie es viele andere Nagetiere tun; sie müssen vom Pfleger entfernt werden. Normalerweise muß das Weibchen für die Geburt nicht separiert werden, wenn es mit Artgenossen zusammenlebt, da junge Meerschweinchen gewissermaßen in die Familie hineingeboren werden. Männliche Mitbewohner zeigen aber – wie erwähnt –

sofort nach dem Werfen wieder sexuelles Interesse, weswegen zumindest Geschlechtertrennung ratsam ist.

Wichtig: Mitbewohnende Kaninchen sind sorgfältig im Auge zu behalten, denn mit ihren Sprüngen und durch neugieriges Spielverhalten können sie junge Meerschweinchen schwer verletzen; deswegen sollte man die Arten in dieser Zeit besser trennen.

Aufzucht

Meerschweinchenjunge sind bei der Geburt voll entwickelte Nestflüchter mit ausgebildetem Fell und offenen Augen; da das Weibchen kein Nest baut, bleiben die Kleinen auch nicht allzu lange in der durch die Geburt entstandenen Mulde sitzen, sondern versuchen der Mutter schon kurz nach der Geburt zu folgen. Da ihre Fußsohlen noch nicht abgeflacht, sondern gerundet sind, ist ihr Gang anfangs mehr als wackelig, und sie verlieren immer wieder das Gleichgewicht.

Meerschweinchen säugen im Sitzen

Meistens umfaßt der Wurf zwei bis vier „Ferkel", doch können es auch sechs werden; je weniger Jungtiere geboren werden, desto weiter entwickelt sind diese meistens, und desto früher kann man sie von der Mutter trennen. Meerschweinchen säugen im Sitzen. Die Jungen nehmen die Zitzen seitlich ins Mäulchen, denn sie haben schon voll entwickelte Nagezähne, die ihnen sonst beim Saugen im Weg wären. Dank dieses fertigen Gebisses nehmen bereits

neugeborene Meerschweinchen erste feste Nahrung zu sich, so daß ihre Ernährung während der Säugezeit praktisch zweigleisig erfolgt; spezielles Aufzuchtfutter ist nicht nötig.

■ *Meerschweinchenjunge entwickeln sich schnell: Hier wenige Minuten nach der Geburt ...*

■ *... und das gleiche Tier drei Wochen später*

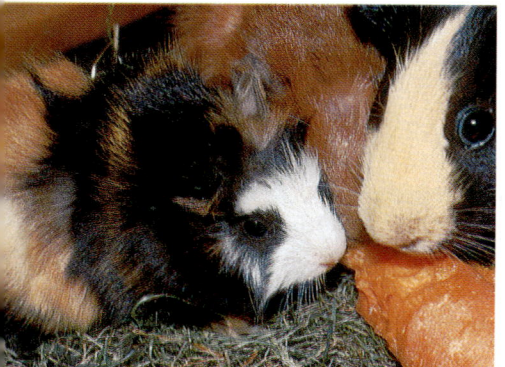

Daß die Mutter während der mindestens drei Wochen dauernden Säugezeit einen erhöhten Flüssigkeitsbedarf hat, liegt auf der Hand.

Das Weibchen dreht seine Jungen mit Kopfbewegungen auf den Rücken, um ihnen den After zu säubern und den Bauch zu lecken; letzteres ist als Massage für die geregelte Verdauung sehr wichtig. Die Jungen geben dabei typische, singende Quieklaute von sich.

Überhaupt ist die Aufzuchtphase von allerlei typischen Lautäußerungen begleitet. Mit leisen Muckerlauten halten Mutter und Nachwuchs ständigen akustischen Kontakt. Bei Wildmeerschweinchen sorgen diese Signale für den Familienzusammenhalt im hohen, unübersichtlichen Gras. Jungtiere, die sich verlassen fühlen, quieken laut und durchdringend. Gegen Ende der Säugephase wehrt sich schließlich das Muttertier gegen allzu aufdringliche Forderungen nach Milch immer heftiger, wobei es auch schon einmal einen Abwehrbiß setzt, den das erschreckte Jungtier mit einem lauten Schmerzensquieker quittiert und sich dann leise wimmernd in eine Ecke verdrückt. Da die Jungen von vorn kommend an die Milchzitzen gehen und somit umgekehrt parallel zum Muttertier sitzen, erwischt ein solcher Abwehrbiß meistens das Hinterteil des Jungtieres; er geht zwar nicht aufs Blut, brennt jedoch offensichtlich so sehr, daß das Kleine sich in seiner Schmollecke mit dem Allerwertesten an eine Wand drückt und von einem Bein aufs andere tritt, wobei es mit halb geschlossenen Augen vor sich hin jammert. Man fühlt sich tatsächlich an „richtige" Schweine erinnert, wenn die kleine Familie unterwegs ist; wie eine muntere Schar Ferkel umwuseln die Kleinen ihre „Muttersau", mal muntere Bocksprünge vollführend, mal sich um die Zitzen der Mutter drängelnd. Größere Standortwechsel erfolgen im Gänsemarsch, wie sich übrigens auch ausgewachsene Tiere einer Familiengruppe fortbewegen.

Meerschweinchenmütter nehmen es in der Regel nicht übel, wenn man ihre Jungen schon in frühestem Alter anfaßt oder sogar hochhebt; aber in der ersten Woche sollten Sie die

Familie noch völlig in Ruhe lassen. Danach können Sie die Kleinen auch einmal auf den Schoß nehmen. Sobald sie aber unruhig werden oder laut nach der Mutter rufen, setzen Sie sie sofort wieder in den Käfig zurück.

Kinder von Meerschweinchenjungen fernhalten

Falls Sie Kinder haben, achten Sie darauf, daß sie die Kleinen möglichst nicht herausnehmen, bevor diese etwa zwei Wochen alt sind. Es kommt nämlich häufig zu Unfällen, wenn die Jungtiere entweder zu grob angefaßt werden (und dabei womöglich noch durch die Hände aller Spielkameraden gehen) oder aber im Gegenteil nicht sicher genug gefaßt werden, weil das Kind Angst hat, dem zarten Wesen weh zu tun – und schon ist das Jungtier abgestürzt. Lassen Sie Ihre Kinder die jungen Meerschweinchen anfangs nur im Käfig streicheln und füttern oder dann, wenn die Tierchen sicher auf **Ihrem** Schoß sitzen. Auf keinen Fall dürfen Kinder die jungen Meerschweinchen als Spieltiere benutzen (siehe auch Seite 72).

Auslauf können Sie der Meerschweinchenfamilie bereits gönnen, sobald sich die Jungtiere sicher fortbewegen können; vorher sind sie im Käfig besser aufgehoben.

Unser Tip

Um sowohl dem Muttertier als auch den Jungen während der Aufzuchtsphase Rückzugsmöglichkeiten zu schaffen, sollte der Käfig mit vielen Hindernissen ausgestattet werden.

Ein letztes Familienfoto noch, dann wechseln die Kleinen den Besitzer

Wenn Sie den Nachwuchs abgeben wollen

Junge Meerschweinchen können zwar schon nach drei, bei großen Würfen nach vier Wochen von der Mutter getrennt und abgegeben werden; für ihre psychische Entwicklung ist es jedoch besser, mindestens sechs Wochen in der Familie zu bleiben. Aber bedenken Sie, daß eventuell mitbewohnende geschlechtsreife Männchen dann schon junge Weibchen aus dem Wurf erfolgreich decken können; auch hier ist also sorgfältige Geschlechtertrennung anzuraten. Wollen Sie Ihren Meerschweinchennachwuchs an Privatpersonen abgeben, die Sie nicht näher kennen, dann testen Sie rechtzeitig, ob auch wirklich echtes Interesse besteht. Lassen Sie die Jungen schon kurz nach der Geburt besichtigen. Sind die

Bewerber tatsächlich bereit, noch sechs Wochen auf ihre neuen Hausgenossen zu warten, dürfte die Neigung ernsthaft sein, und Ihren Kleinen wird ein gutes neues Zuhause beschert. Spontaninteressenten sind häufig weniger verläßlich! Übrigens: Wenn Sie Meerschweinchen an fremde Personen abgeben, verlangen Sie ruhig den handelsüblichen Preis. Wirkliche Tierliebhaber achten nicht auf die Mark, sondern ausschließlich auf das Tier; wer feilschen will, wird sicherlich auch an der weiteren Pflege des Tieres sparen – zum Nachteil seines Pfleglings. Nehmen Sie jedoch zu wenig oder gar kein Geld, kann es geschehen, daß Sie sich binnen kurzem mit einer regen Nachfrage konfrontiert sehen: Dann suchen Halter von Riesenschlangen Futter für ihre Haustiere …

Anhang

Giftige Zimmerpflanzen

Aronstabgewächse

z.B. Baumfreund *(Philodendron)*
Dieffenbachie *(Dieffenbachia)*
Efeutute *(Scindapsus* bzw. *Epipremnum* oder *Rhaphidophora)*
Einblatt *(Spatiphyllum)*

Fensterblatt *(Monstera)*
Flamingoblume *(Anthurium)*
Kolbenfaden *(Aglaonema)*
Purpurtute *(Syngonium)*
Zimmerkalla *(Zantedeschia)*

Araliengewächse

z.B. Aralie *(Fatsia)*
Efeu *(Hedera)*
Efeuaralie *(Fatshedera)*

Fingeraralie *(Dizygotheca)*
Schefflera *(Schefflera)*

Wolfsmilchgewächse

z.B. Christusdorn
(Euphorbia milii)
Kroton
(= Wunderbaum, *Codiaeum)*

Weihnachtsstern
(Euphorbia pulcherrima)

Gummibäume

z.B. Birkenfeige
(= „Benjamin", *Ficus benjamina)*

Gummibaum *(Ficus elastica)*

alle Farne

Außerdem:
Agave *(Agave)*
Aloe *(Aloe)*
Alpenveilchen *(Cyclamen)*
Azalee *(Rhododendron)*
Bogenhanf (= Schwiegermutterzunge, *Sanseveria)*
Chrysantheme *(Chrysanthemum,*
auch als „Winteraster" bekannt)
Clivie *(Clivia)*

Engelstrompete (= Stechapfel
Datura bzw. *Brugmansia)*
Eisenkraut *(Verbena)*
Geranie *(Pelargonium)*
Hortensie *(Hydrangea)*
Madagaskarpalme *(Pachypodium)*
Oleander *(Nerium)*
Passionsblume *(Passiflora)*
Porzellanblume *(Hoya)*
Wandelröschen *(Lantana)*

Giftige Gartenpflanzen

Blauregen (= Glyzine, Wisteria)
Buchsbaum (Buxus)
Efeu (Hedera)
Goldregen (Laburnum)
Lebensbaum (Thuja)
Liguster (Ligustrum)
Lupine (Lupinus)
Mistel (Viscum)
Rhododendron, Azalee (Rhododendron)

Stechpalme (Ilex)
Rittersporn (Delphinium)
Riesenbärenklau (= Herkulesstaude, Heracleum mantegazzianum)
Ziertabak (Nicotiana)
alle Wolfsmilch-Arten (Euphorbia)
alle Farne sowie sehr viele Zwiebelgewächse (z. B. Narzissen, Herbstzeitlose, Kaiserkronen, Hyazinthen)

Giftige Wildpflanzen

Bärlauch (Allium ursinum)
Bilsenkraut (Hyoscyamus)
Bingelkraut (Mercurialis)
Buschwindröschen (Anemone nemorosa) und andere Anemonen
Christrose (Helleborus)
Eisenhut (Aconitum)
Fingerhut (Digitalis)
Gundermann (= Gundelrebe, Glechoma)
Hahnenfuß (= Butterblume, Scharbockskraut, Ranunculus)
Hundspetersilie (Aethusa)
Immergrün (Vinca)
Küchenschelle (= Kuhschelle, Pulsatilla)

Maiglöckchen (Convallaria)
Märzenbecher (Leucojum)
Mohnblume (Papaver)
Nachtschatten (Solanum)
Primeln (= Schlüsselblume, Primula)
Sauerklee (Oxalis)
Schneeglöckchen (Galanthus)
Schierling (Conium)
Schöllkraut (Chelidonium)
Seidelbast (Daphne)
Sumpfdotterblume (Caltha)
Tollkirsche (Atropa)
Trollblume (Trollius)
Wasserschierling (Cicuta)
Zaunrübe (Bryonia)
alle Farne

Nützliche Adressen

Deutschland
Meerschweinchenfreunde Deutschland
(MFD)
Bundesverband Deutschland e.V.
Postfach 10 11 29
D-63011 Offenbach/Main
Tel.: 0 69/83 57 92

Verein Deutscher Meer-
schweinchenzüchter e.V. Bonn
Hommelsheimer Str. 7
D-53359 Rheinbach-Flerzheim

Vereinigung Deutscher Rassemeer-
schweinchenzüchter (VDRZ)
Postfach 68
D-34287 Zierenberg
Tel./Fax: 0 56 06/66 65

Österreich
Meerschweinchenfreunde Österreich
Hintzer Str. I/III/13
A-1030 Wien
Tel.: 00 44 31/7 18 81 89

Schweiz
Vereinigung der Schweizer
Meerschweinchenfreunde
c/o Isabelle Strebel
Ziegelscheune 496
CH-4245 Kleinlützel
Tel./Fax: 00 41 61/7 71 90 06

Kantonaler Cavia-Verein Solothurm
Sandackerstr. 6
CH-4572 Ammannsegg
Tel.: 00 41 65/47 17 15

Literaturhinweise

Alderton, David:
Kaninchen und Meerschweinchen
Kynos, Mürlenbach 1995

Altmann, Dietrich:
Meerschweinchen
Eugen Ulmer, Stuttgart 1994

Beck, Peter:
Gesellige Meerschweinchen
Franckh-Kosmos, Stuttgart 1996

Behrend, Katrin:
Meerschweinchen richtig pflegen und
verstehen
Gräfe & Unzer, München 1994[7]

Behrend, Katrin:
Das Meerschweinchen
Gräfe & Unzer, München 1995

Berghoff, Petra C.:
Kleine Heimtiere und ihre Erkrankungen
Parey, Hamburg 1989

Pelz, Ilse:
Mehr über Meerschweinchen
Oertel & Spörer, Reutlingen 1995

Prust, Gabriele:
Meerschweinchen. Ein Buch für Einsteiger
und Fortgeschrittene
bede-Verlag, Ruhmannsfelden 1996

Schmidt, Günter:
Hamster, Meerschweinchen, Mäuse
Eugen Ulmer, Stuttgart 1985[2]

Schmidt, Günter:
Meerschweinchen
Landbuch, Hannover 1992[3]

Steinkamp, Anja. J.:
Unser Meerschweinchen
Franckh-Kosmos, Stuttgart 1994[5]

Register

Vom selben Autor sind im FALKEN Verlag bereits erschienen:
„Alles über Chinchillas und Degus" (Nr. 1130)
„Alles über Rennmäuse" (Nr. 1318)
„Alles über Streifenhörnchen" (Nr. 1219)
„Zwerg- und Goldhamster" (Nr. 1734)
„Zahme Ratten" (Nr. 1679)
„Zwergkaninchen" (Nr. 1680)

Dieses Buch wurde auf chlorfrei gebleichtem und säurefreiem Papier gedruckt.

ISBN 3 8068 1812 6

© 1997/1999 by FALKEN Verlag, 65527 Niedernhausen/Ts.

Umschlaggestaltung: Peter Udo Pinzer
Layout: David Barclay, Neu-Anspach
Redaktion: Dr. Gabriele Schweickhardt/Anna Jenrich
Titelbild: Reinhard-Tierfoto, Heiligkreuzsteinach/Eiterbach
Umschlagrückseite: Christine Steimer, Wölfersheim
Fotos: Reinhard-Tierfoto, Heiligkreuzsteinach/Eiterbach: S. 2/3, 4, 7, 31, 49, 67,
Ulrike Schanz, München: S. 14, 42, 46, 47, 52 o., 55, 73 o., 76, 90, **Christine Steimer,**
Wölfersheim: S. 1, 5, 16 Mitte, u., 17 re., 20, 22–29, 34, 35, 40, 43, 50 li., 53, 58, 60,
62–66, 69, 71, 73 u., 74, 75, 79, 81, 82; alle übrigen Fotos von **Michael Mettler**
Zeichnungen: Andrea Salisch, Wiesbaden

Die Ratschläge in diesem Buch sind vom Autor und vom Verlag sorgfältig erwogen
und geprüft, dennoch kann eine Garantie nicht übernommen werden. Eine Haftung
des Autors bzw. des Verlags und seiner Beauftragten für Personen-, Sach- und
Vermögensschäden ist ausgeschlossen.

Satz/Litho: DM-SERVICE Mahncke & Pollmeier oHG, Rodgau
Druck: Druckhaus Cramer, Greven

817 2635 44